教科横断的な資質・能力を育てる

アクティブ・ラーニング［中学校］

主体的・協働的に学ぶ授業プラン

上條晴夫［編］

図書文化

まえがき

　本書は，いま話題のアクティブ・ラーニングのヒントとして，過去10年間以上に渡って，わたしたちが発掘・開発をしてきたワークショップ型授業を提案するものである。

　文部科学省がアクティブ・ラーニングを提案する背景には，世界的な教育の大きな潮流変化がある。端的に言って，これまで各国ごとに行ってきた教育を，国際的流動性の高くなったグローバルな世界で，地球のどこででも使える学力を身につけさせようとする。

　世界のどこででも使える学力とはおよそ以下のような内容の学力である。(参考：キーコンピテンシー（OECD），21世紀スキル（ATC21s），21世紀型能力（国立教育政策研究所）

---

1. 問題解決力（問題発見・設定，情報収集・分析，計画・実行，表現省察など）
2. 思考力（論理的思考，批判的思考，創造的思考 など）
3. 表現力
4. コミュニケーション力
5. 自己省察力（自己調整，メタ認知，情動制御 など）

　これらの学力を身につけるアクティブ・ラーニングでは，「講義形式のような教員による一方向的な授業ではない授業」（文部科学省）を行う。長いカタカナ語の教育方法なので，少し抵抗があるが，小学校・中学校ではこれまでも多くの教員が一方向的ではない授業を多様に開発してきた。ワークショップ型授業はその筆頭格である。以下，アクティブ・ラーニングの実践上の特徴をワークショップ型授業の観点から簡単に述べる。

　①従来の伝統的な授業づくりでは「教科書教材」に代表される厳選された内容をいかにわかりやすく伝えるかに焦点が当たっていた。これに対して，アクティブ・ラーニングでは「アクティヴィティ教材」に代表される活動形式のしかけに焦点が当たる。

　②従来の授業のやり方では教師は教科書をわかりやすく教えたら，あとは学習者の努力に任せるということだったのに対して，アクティブ・ラーニングのやり方では，教師は子どもたちの学びの深まりを随時確認しつつ活動教材のしかけを調整していくことになる。

　本書刊行が現場で授業する先生たちがアクティブ・ラーニングを作り出していくうえの小さなヒントになればと考える。本書がキッカケになって，グローバル化の動きの激しい21世紀に必要な学力が子どもたちに僅かでも身につくことになれば幸いである。

編者　上條晴夫

もくじ

まえがき……………………………………………………………………………2

第1章 いま，なぜ「アクティブ・ラーニング」なのか……5

アクティブ・ラーニングとは何か？……………………………………………6
なぜアクティブ・ラーニングが必要なのか……………………………………9
アクティブ・ラーニングの特徴とは……………………………………………11
アクティブ・ラーニングの3つの効果…………………………………………14
従来の授業をどう変えるとよいか………………………………………………16

第2章 アクティブ・ラーニングの作り方・進め方……21

アクティブ・ラーニングの基本要素とワークショップ型授業………………22
カリキュラムをデザインする……………………………………………………25
ワークショップ型授業―学びのしかけ論と授業の基本形―…………………26
「アクティヴィティのプール」の活用……………………………………………31
「協同学習の技法」による下支え…………………………………………………32
教師の心構えと指導技術―ファシリテーション―……………………………34
アクティブ・ラーニングの学習評価……………………………………………39

第3章 実践！アクティブ・ラーニング……43

国語 書くこと　わかりやすく説明する…………………………………44
　　　同じひと　み〜つけた　ゲーム

国語 書くこと　古典の世界………………………………………………48
　　　『竹取物語』第六の貴公子を創作しよう

| 社会 | 歴史的分野　近代の日本と世界 ……………………………………… 54
君も起業家！　明治ビジネスプラン選手権

| 社会 | 公民的分野　メディアリテラシーを育む ……………………………… 58
わたしが新聞記者？　「憲法改正に関する世論調査」を報道せよ

| 理科 | 第1分野　酸化（化学変化と原子・分子） ……………………………… 66
全員達成をめざせ！　マグネシウムの燃焼を3つの式で表現する

| 理科 | 第2分野　花のつくりと働き ……………………………………… 72
全員達成をめざせ！　アブラナ花のつくりを調べて説明する

| 音楽 | 表現　器楽 ……………………………………………………… 78
アルトリコーダー「シ」の達人への道
苦手な運指を克服するための練習曲をつくろう

| 保健体育 | 陸上競技　長距離走 ………………………………………… 83
グループ解析！　1000m走の見える化計画

| 美術 | 鑑賞　感覚的・分析的アプローチによる鑑賞 …………………………… 88
絵画の謎にせまる　「ネーデルランドの諺（ことわざ）」を読み解く

| 技術・家庭 | 家庭分野　食生活と自立 …………………………………… 94
失敗しない「薄焼き卵」作り　究極の工夫点は何？

| 英語 | 4技能を活用したアクティブ・ラーニング型授業 ……………………… 100

執筆者一覧 ………………………………………………………… 102

第1章

いま，なぜ「アクティブ・ラーニング」なのか

- アクティブ・ラーニングとは何か？
- なぜアクティブ・ラーニングが必要なのか
- アクティブ・ラーニングの特徴とは
- アクティブ・ラーニングの3つの効果
- 従来の授業をどう変えるとよいか

● いま,なぜ「アクティブ・ラーニング」なのか

アクティブ・ラーニングとは何か？

1 3つの定義のレベル

アクティブ・ラーニングという言葉が教育現場でも飛び交うようになった。

その最大の震源は平成26年11月20日,文部科学大臣下村博文氏から中央教育審議会に対して次期学習指導要領の検討を諮問した「初等中等教育における教育課程の規準等の在り方について」という文書にあるだろう。ごく短い文書中に4回もこの言葉が出てくる。

以下,このアクティブ・ラーニングについて,すでにある政策的定義・学術的定義を簡単に考察した上で,本書がアクティブ・ラーニングの代表格の1つであると考える「ワークショップ型授業」に基づいて,実践的定義を新たに提案したい。なぜ政策的・学術的の定義に新たに実践的定義を加えるかというと,本書が主なターゲットと考える読者層は教育行政関係者や研究者ではなく,現場で実践を展開する先生方だからである。その先生方に必要な定義は,実践を始める指標が必要だと考えるからである。

2 政策的定義としてのアクティブ・ラーニング

『新たな未来を築くための大学教育の質的転換に向けて～生涯学び続け,主体的に考える力を育成する大学へ～（答申）』平成24年8月28日中央教育審議会の用語集では,アクティブ・ラーニングの説明が次のように書かれている。

> 教員による一方向的な講義形式の教育とは異なり,学修者の能動的な学修への参加を取り入れた教授・学習法の総称。学修者が能動的に学修することによって,認知的,倫理的,社会的能力,教養,知識,経験を含めた汎用的能力の育成を図る。発見学習,問題解決学習,体験学習,調査学習等が含まれるが,教室内でのグループ・ディスカッション,ディベート,グループ・ワーク等も有効なアクティブ・ラーニングの方法である。

政策的定義で大事なのは大きな方向性である。現場の先生方が授業を進める上での舵取りが役目である。その舵取りによる大きな方向性さえ間違いなく打ち出せれば,あとは研究者による掘り下げ,実践家による実験的授業提案が期待できるからである。

すると,この定義では,当面,冒頭の一文「教員による一方向的な講義形式の教育とは異なり,学修者の能動的な学修への参加を取り入れた教授・学習法の総称」だけを頭に入れて,その概略をつかむとよい。（注：「学修」は「学習」と使い分けられている。

授業時間だけではなく，授業外（予習・復習）も含めた学びの様態を捉えようとする考えとして「学習」でなく「学修」が使われている。）この政策的定義が言っているアクティブ・ラーニングの定義の最大のポイントは「一方向的な講義形式の教育」とは異なるという点である。この方向性をまず頭に入れるとよい。

3 学術的定義としてのアクティブ・ラーニング

そもそもアクティブ・ラーニングは教員の一方向的な講義形式が主流の大学授業を改革するために持ち出された言葉である。大学教育向けに書かれた溝上慎一氏の「専門的な理論書」である『アクティブラーニングと教授学習パラダイムの転換』（東信堂）には新規性を何より大事にする研究者に向けた次の定義がなされている。

> 一方向的な知識伝達型講義を聴くという（受動的）学習を乗り越える意味での，あらゆる能動的な学習のこと。能動的な学習には，書く・話す・発表するなどの活動への関与と，そこで生じる認知プロセスの外化が伴う。

学術的定義の特徴は新規性（新しさ）を明瞭に打ち出すことである。定義の中には，能動的な学習のアウトラインとして，学生の「書く・話す・発表するなどの活動への関与」という要素と，「そこで生じる認知プロセスの外化」の要素という「アクティブラーニング」の2つの基本要素が不可欠であることが議論されている。

この中で新規性のあるのは「関与」「外化」の2つの言葉である。

まず「関与」について。溝上氏が定義する際に参照した須長一幸氏の論文「アクティブ・ラーニングの諸理解と授業実践への課題—activeness概念を中心に—」（『関西大学高等教育研究（創刊号）』関西大学教育開発支援センター）には，「アクティブ・ラーニングは一般に，学生を"active"にすることを意図した教授法・学習法である，とする理解はすでに共通に得られていると言える」とした後，"active"という状態とは何かをめぐって，3つの文献が検討される。その3文献に共通して登場するのが「関与」(engage, involvement)である。学生がアクティブであるかどうかは，学生が学習プロセスに「関与」しているどうか，によるとする。

次に「外化」について。外化とは認知科学の用語で「自らの考えやアイデアを発話，文章，図式化，ジェスチャー等の方法で外に出してみること」と言われている。頭の中の考えを可視化することで理解の不十分さがわかって正確さを補うことにつながったり，その知識についての新しいつながりを発見したりできると言われる。『認知科学辞典』（共立出版）には「内部で生じる認知的過程を観察可能な形で外界に表すこと。発話，メモ，図，ジェスチャ，文章化，モデル化，シミュレーションなど多様な手段がある。外界に固定されることで記憶を保持すると同時にそれ自体が操作の対象となることによって情報処理の負荷を軽減する」というふうに解説されている。

4 実践的定義としてのアクティブ・ラーニング

政策的定義がアクティブ・ラーニングの大きな方向性を，学術的定義が新しい学びと

しての特質（要素）を掘り下げている。しかし現場の先生方がアクティブ・ラーニングを実際に始めようとすると，政策的定義や学術的定義だけでは不足である。政策的定義の中にある教育技法，学術的定義の中にある概念はアクティブ・ラーニングのイメージづくりには重要であるが，授業づくりをはじめる力としては弱い。

そこで本書では，わたしたちがこれまで実践的な提案をしてきた「ワークショップ型授業」（＝活動中心の授業）をアクティブ・ラーニングの「指標実践」と位置づけ，アクティブ・ラーニングの授業づくりを促すための定義を以下のように試みる。

> （アクティブ・ラーニングの指標実践としての）ワークショップ型授業では，「授業の中心に活動がある」ように設計する。その体験を「学び」に結びつけるために「ふり返り」をする。以上の「活動＋ふり返り」が，できるかぎり自由な，気楽な感じの中で行われるように，教師は子どもと「水平な関係」になるように配慮する。
> （上條晴夫編著『ワークショップ型授業で国語が変わる＜小学校＞』（図書文化, p.9）

アクティブ・ラーニングの授業づくりに必要となるのは最初の2文である。
● ワークショップ型授業では，「授業の中心に活動がある」ように設計する。
● その体験を「学び」に結びつけるために「ふり返り」をする。

まず授業の中心に何を置くか。定義は「活動」（アクティヴィティ）を置くとしている。では「活動中心の授業」以外に何があるかというと，講義のような「説明中心の授業」と，発問型授業のような「発問中心の授業」である。授業づくりを考える際，教育的な中心点として，説明を考えるか，発問を考えるか，活動を考えるかである。これを図式化したものが，次の「3つの授業類型」（上條作成）である。

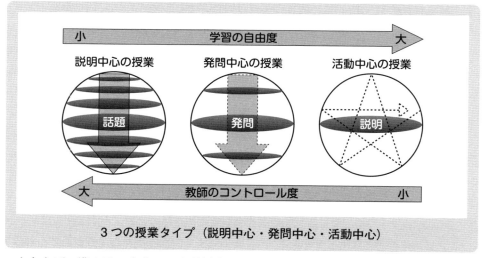

3つの授業タイプ（説明中心・発問中心・活動中心）

たとえば，溝上氏の定義では大学授業の中でたった5分間だけ「活動」（クイズやコメントシートに書き込みをするなど）を行ったとしても，それもすべて「アクティブラーニング」であるとしている。これは大学授業では90分間の授業をすべて講義だけで押し通すことが未だ少なくないことが背景になった定義である。

これに対して，わたしの「活動中心の授業」の定義では，授業の中心（51％以上）に「活

動」（学習ゲームや作文活動やディスカッションなど）を置く。現在の小中学校の授業の現状は「発問中心の授業」が一般的になっていて，大学よりはるかに能動的な学びの工夫が行われていることが背景にある。しかし小中学校でも活動（＝アクティヴィティ）を中心とした授業づくりはまだまだ少ないのが現状だからである。

　この実践的定義は「活動」（学習形態）を強調している。現場教師が新しい授業づくりに挑戦しようと考えた際に手掛かりになるのは「教材」だと考えるからである。伝統的授業が授業づくりの教材として真っ先に教科書を思い浮かべるのと同様に，アクティブ・ラーニングでは教材として「活動」（アクティヴィティ）を考える。授業の終末部分でまとめを考えるのと同様に，「活動」の中で起こった学びの「ふり返り」の仕方を考える。それがアクティブ・ラーニングの授業づくりになるのである。

●いま，なぜ「アクティブ・ラーニング」なのか
なぜアクティブ・ラーニングが必要なのか

1 アクティブ・ラーニング宣言の背景には何があるか

　文部科学省が通達文書の中にアクティブ・ラーニングのような指導方法にかかわることを大々的に押し出すのは異例のことである。従来の日本の教育課程政策では「何を教えるか」という約束事が核になっていて，「どのように教えるか」ということは現場に任せるのが慣習になっていたからである。それが大枠的な特徴とは言え，アクティブ・ラーニングのような指導方法を大きく打ち出してくるのは，その背景にそれなりの理由がある。その理由は先の諮問文書中に出てくる。

　この異例事態に踏まえておくべき理由は大きく3つである。

　1つは「学習指導要領など」（教育基本法，学校教育法）。教育基本法の改正，学校教育法の「学力の三要素から構成される『確かな学力』」，そして言語活動や各教科における「探究的な学習活動等」の重視などの学習指導要領の変化である。

　2つは「国内外の学力調査」（ＰＩＳＡ，全国学力・学習状況調査）。徐々に改善の傾向にはあるが，論理的・批判的な思考力，また国際的な比較から見た自己肯定感，学習意欲，社会参画意識の弱さなど，まだまだ改善を要するポイントがある。

　3つは「資質・能力の育成」（キー・コンピテンシー他）。世界の教育動向が「何を教えるか」から「どのように学ぶか」に大きくシフトしている。その前提として変革期にある社会に必要な「資質・能力」が強調されるようになってきている。

　以上3つのうち，アクティブ・ラーニング宣言に直結するのは「資質・能力の育成」の点である。まず新しい時代に要請される教育として諮問文中に4つの例が紹介されて

いる。
- ●OECDが提唱するキー・コンピテンシーの育成に関する取組
- ●論理的思考力や表現力，探究心等を備えた人間育成を目指す国際バカロレアのカリキュラム
- ●ユネスコが提唱する持続可能な開発のための教育（ESD）などの取組
- ●東日本大震災における困難を克服する中で出てきた日本の未来を考えていこうとする新しい教育の取組

　これらの動きに共通するのが「必要な資質・能力」を特定し，それを身につけることを目標にした教育の在り方である。従来の教育が「何を教えるか」という点に焦点が絞られていたのに対して，新しい世界的な教育の流れは「必要な資質・能力」を身につけるために「どのように学ぶか」を考え始めたということである。
　この方向性を指し示したのがアクティブ・ラーニングという用語である。

2 アクティブ・ラーニングの意義

　資質・能力の育成を目指したアクティブ・ラーニングはなぜ大事なのか。
　それは資質・能力の育成を必須とする社会の構造変化が起こっているからである。そのキーワードを1つだけ挙げると「知識基盤社会」だろう。2005年の中央教育審議会答申の中に登場して，大きく注目を集めた言葉である。この言葉の土台にあると言われるのがピーター・ドラッカー，ダニエル・ベルなどの「知識社会」の考えだ。20世紀中葉，アメリカに登場した社会を名指すのに用いられた言葉である。
　この知識基盤社会の資料をあれこれ探してみても，なかなか「なぜアクティブ・ラーニングが大事か？」につながる文章に突き当たらない。しかしドラッカーの『ポスト資本主義社会——21世紀の組織と人間はどう変わるか』『ネクスト・ソサエティ——歴史が見たことのない未来がはじまる』を読むと，なぜいまアクティブ・ラーニングが必要になってきたかということが納得のいくような形で議論されている。
　たとえば社会構造の変化についてドラッカーは次のことを指摘する。
　「日本では，いまなお労働力人口の4分の1が製造業で働いている。この国が競争力を維持していくためには，2010年までにこれが8分の1ないしは10分の1になっていなければならない。すでにアメリカでは，1960年代に35％だったものが2000年には14％になっている。しかもアメリカは，この40年の間に，生産量のほうは3倍に伸ばしているのである」（『ネクスト・ソサエティ』）ドラッカーが何を言っているかというと，製造業労働者に変わって，知識労働者が増大するのが，新しい社会だということ。学びもそこに焦点化されるべきだということである。
　さらに，ドラッカーは「学校の責任」について次のように言う。
　「これまでの『基礎教育』とは，かけ算やアメリカの歴史など，教科内容に関する知識を意味していた。／しかし知識社会では，方法論に関わる知識が必要となる。これまで学校では教えようとさえしなかったものが必要になる。知識社会においては，学習の方法を学んでおかなくてはならない。／知識社会においては，教科内容よりも，学習継

続の能力や意欲のほうが，重要であるかもしれない。ポスト資本主義社会では，生涯学習は欠かせない。したがって，学習の規律が不可欠である」（『ポスト資本主義社会』）。社会が変わると，学校に求められるものも大きく変わるのである。

ちなみにドラッカー自身が指摘をしている訳ではないが，「これまで学校では教えようとさえしなかったもの」「規律」の重要なものの1つに「協同的な学び」があると考えてよいだろう。つまり従来の社会では一部の優秀な人たちが考えることを担当し，他はその考えをもとにものづくりをしていた。しかしネクスト・ソサエティでは，普通の人がアイデアを出し合い，新商品を作っていく社会になるからである。

学習指導要領の変化の背後には社会の大きな変化がある。学習指導要領が指し示す教育内容，方法のドラスティックな大変化を自分に腑に落ちる形で理解するためには，たとえば，ドラッカーであったりベルであったり，その他の社会変化について言及しているような著作に直接挑戦する必要がある。そういう読書は一見すると，教育現場とは直接つながっていないようにみえて，実はダイレクトにつながっている。

たとえば，貧困のような問題について。現在，子どもの貧困，女性の貧困が話題になっているが，日本だけの問題ではない。フランスの経済学者トマ・ピケティ氏が記した『21世紀の資本』はアメリカなどにおいて上位1％の富裕層に富が集中する格差の構造を炙り出して大きな話題になっている。日本で問題視される格差問題とは，貧困という言葉に近づけて言うと，「大衆層の貧困化」と言えるだろう。どうすれば貧困社会を回避できるのか。教育現場もまた相応の責任を担っているのである。

●いま，なぜ「アクティブ・ラーニング」なのか
アクティブ・ラーニングの特徴とは

アクティブ・ラーニングと従来型授業を比べてみる。比較することでアクティブ・ラーニング≒ワークショップ型授業の特徴が指摘できるだろう。

新しい授業づくりの特徴は粗く言って次の3つである。
①「活動＝アクティヴィティ」が自由度を生む
②「ふり返り」で学びを外化する
③「アクティヴィティ」は調整をする

1 「活動＝アクティヴィティ」が自由度を生む

アクティブ・ラーニングは，資質・能力の育成のために活動＝アクティヴィティに焦点化した授業だということである。講義のように教師の話を黙って座って聴く授業とは異なる。もちろん講義でもよく工夫されたものならば，資質・能力を育成する学びが可

能である。しかし多くは失敗している。まず授業づくりに当たって活動＝アクティヴィティを考える。アクティヴィティが学習者の心に火をつけるからだ。

　たとえば，「ランキング」というアクティヴィティがある。「信長，秀吉，家康の三人の武将で一番偉いのは誰か？」。こういう選択肢付きの課題について，偉いなと思う順にカードを並べる。その過程で，参加者同士意見を交換したり，個人でやってみた後で，他の参加者と比べながら議論する。そうすることで考えを深める。

　たとえば，講義技法に「設疑法」と呼ばれるレトリックがある。聞き手に対して，話の冒頭で疑問を投げかけてみせる。「信長，秀吉，家康という武将で一番偉いのは誰でしょう」。形式上疑問を口にはするが，実際には問いかけをされた側（聞き手）に「そう思う」という同意をねらって話をする。

　この「設疑法」の疑問形は，修辞として投げかけたにすぎない。問いかけた人が，疑問の答えを知らないわけではない。疑問に対する答えはすでに前もって用意されている。しかし聞き手は質問に対して自分で判断して答えたと考える。形式の上では疑問に対する答えは聞き手がすることになる。質問をされた人は「あらかじめ用意されている」正しい答えを導き出すことになる。

　アクティブ・ラーニングでも，似たような認知プロセスが発生する。しかしアクティヴィティのそれは考える振れ幅が大きい。常に唯一の正しい答えにたどりつくという訳ではない。その代わりに自由度の高い学びが生まれる。

2　「ふり返り」で学びを外化する

　アクティブ・ラーニングは「活動」で生まれた認知の変化を「ふり返り」によって外化する。つまり発表や図形，文章などを通じて自分の頭の中にある考えを外に出す。頭の中の考えを外に出すことで理解の不十分さがわかって正確さを補うことになる。またその知識についての新しいつながりを発見することも起こってくる。ここが教師が最後に「まとめ」をする授業とは根本的に異なる。

　たとえば「設疑法」の授業を次のように進めるとする。
　「信長，秀吉，家康という武将で一番偉いのは誰でしょう」（と問う）
　「信長の偉さは何でしょう」（説明する）
　「秀吉の偉さは何でしょう」（説明する）
　「家康の偉さは何でしょう」（説明する）
　「では偉さを決める基準には何があるでしょう」（説明する）
　「この基準で考えると３人の武将で一番偉いのは誰でしょう」（説明する）

　こうすることで聞き手に道筋を辿らせつつ正解に導いていく。こうした講義のところどころに学習者のディスカッションを入れていくと発問型の授業になる。つまり講義も発問型授業も，問題解決の筋道を学習者の試行錯誤に任せずに教師が必ず手引きする。手引きによって正解に導く。授業の終末にあるのは「まとめ」と呼ばれる教師による学習内容の要約である。「ふり返り」をするアクティブ・ラーニングとは構造が違っている。この終末にまとめをする授業は唯一の答えの導き方を理解させ，その答えを覚えさせ

にはメリットがある。しかしそれ以外の多様な解を考えつく学習者を排除するというデメリットを発生させる。「知識社会」以前の工業社会ではそうした学習だけでもよかったが，知識社会・知識基盤社会ではデメリットが大きくなる。

　これに対してアクティブ・ラーニングは学習者に試行錯誤（間違いも含めた自由度の高い思考）をさせる点に特徴がある。たとえば，「思考力」「表現力」「コミュニケーション力」には唯一の正しい答えと導き方がある訳ではない。答えは多様にあって，その多様な答えに向かって試行錯誤をすることで学びが深まっていく。教師に問題を小分けしてもらったり，順序立ててもらったりせず自分で自分なりの解決を試みる。アクティブ・ラーニングはこのような試行錯誤をさせるところに妙味がある。

　しかしその試行錯誤はそのままにしておくと学びにつながらない（ことが多い）。そこで「ふり返り」による外化をする。外化することで自分の学びを「見える化」する。この見える化によって「活動＝アクティヴィティ」によって誘発された学びの中身が学びの舞台に乗ってくる。その学びは問題の核心からズレてしまっていないか。問題の核心に近づいているのか。結果として浅い学びになっていないか。深い学びになっているか。こうした学びの状況が教師やクラスメートとのやりとりによって，メタ認知されていく。「ふり返り」を通して「思考力」「表現力」「コミュニケーション力」を身につけていく。さらに「問題解決力」「自己省察力」などの汎用性の高い資質・能力なども身につけていくことになる。（「ふり返り」は活動の後に起こるだけでなく，活動の途中にも起こる。教師は2つの「ふり返り」を意識して授業をする。）

3 「アクティヴィティ」は調整をする

　アクティブ・ラーニングの特徴を考える時に，教材配列のことを同時に考える必要がある。なぜか。講義式や発問型の場合は暗黙のうちに積み上げ型が想定されている。教育内容の全体を小分けし，順序づけをし，1単位時間の授業の大きさにし，授業を組み立てる。これが講義式や発問型の授業づくりの発想の背景になっている。

　これに対して，アクティブ・ラーニングの場合は（強いて言えば）スパイラル型の教材配列が授業づくりの背景にある。積み上げ型＝累進型教材配列は「1回の授業で1回分の内容を伝え切る」というふうに考える。他方，スパイラル型＝螺旋型教材配列は，似た内容の活動を「変化を伴ってくり返す」ようにせり上げていく。そのようなせり上げのために，教師は「活動＝アクティヴィティ」における学習者の様子をよく観察したり，ふり返りにおける外化の様子をチェックする。チェックをもとに次の「活動＝アクティヴィティ」を修正する。積み上げ型＝累進型のように全体を部分に小分けして計画を立てるのではなく，全体の取りかかりとなる活動＝アクティヴィティをやってみたら，その様子を観察しながら，少しずつ核心へ，深みへ学習者の学びを導いていく。そういう学習が起こるように活動＝アクティヴィティを目の前の学習者にとって，よりよい方向に進む可能性が高くなるよう調整していくのである。

　アクティブ・ラーニングの議論では，1時間を単位としたものが多くなるために，こうした教師による授業と授業の間の調整側面がどうしても見落とされがちである。しか

し「活動＝アクティヴィティ」を中心とした授業が枠組を設定して，その枠組の中で学習者が自由に学ぶ（＝能動的に学ぶ）というスタイルであることを考えると，講義式，発問型の授業が暗黙のうちに想定しているような積み上げ型＝累進型配列による授業づくりを考えることが難しいことは容易に想像がつくのである。

アクティブ・ラーニングの特徴は3つ。1つは「活動＝アクティビティ」（とそれに準ずる活動枠組）を活用すること。2つは活動の中で誘発された学びを「ふり返り」によって外化すること。3つは学びを深く，核心部分に導くために「活動＝アクティビティ」を少しずつ調整しながら学びの履歴を作っていくということである。

● いま，なぜ「アクティブ・ラーニング」なのか

アクティブ・ラーニングの3つの効果

アクティブ・ラーニング導入の背景には，前述したようにグローバル化による社会的な変化に対応した「資質・能力の育成」問題がある。そのためにどのような指導方法が必要かという世界レベルの授業づくりの変化がある。この契機からするとアクティブ・ラーニングの効果は「資質・能力の育成」である，という1点でよさそうである。しかし，その指導法を精査してみると，効果は実はその1点に収まらない。「資質・能力の育成」を含めて，アクティブ・ラーニングの学習効果をあらためて考える。

1 相互の学び合いを通した資質・能力の育成ができる

ある課題について表現力の育成をしようとする場合，2つの方法がある。

たとえば自己紹介の授業である。教師は自己紹介をするのに必要な下原稿づくりを教えて，実際に話をさせてみる。下原稿に必要な要素は「挨拶」「名前の紹介」「強み・好みなどの紹介」「決意表明」であると教える。話す時には，聞き手の方を見て，少しゆっくり話をする。効果的に間を使うとよいなどとアドバイスをする。準備と練習の時間をとって，実際にスピーチがうまくできているかどうかを個別に評価する。つまりフィードバックする。これが従来型の授業だろう。

アクティブ・ラーニングではどうするか。最低限，どんな内容を言えば自己紹介になるか。スピーチをする手順として「名前」「好き・得意」「挨拶」ぐらいは教える。その上でグループに分かれて実際に自己紹介活動をする。グループの中でそれぞれのスピーチの良い点を評価し合う。評価をし合うことで自己紹介のコツをつかんでいく。グループの中でうまくできた学習者を全体発表させるなどしてもよい。こうした活動が終了したら，その活動の学びをふり返って，短い学びのコメントを書き合う。

前者の授業設計は「自己紹介の仕方」に関する知識を伝えようとしている。活動もさ

せているが，活動は厳選した知識が学習者の頭に入っているか否かのチェックである。教える内容に焦点化されていて，学習者の資質・能力は背景化されている。知識の源泉はあくまでも教師から提供される正しいスピーチの知識である。

後者のアクティブ・ラーニングの授業設計では，自己紹介を実際に活動させてみる。必要最小限の足場かけはするが，できるだけ教えない。活動の中で自分と自分以外の学習者の活動の様子を観察したり，観察をめぐるおしゃべりをしたりしながら，徐々に学んでいく。活動を中心とした学びによって，資質・能力の育成が行われる。相互の学び合いから知識が生成されて，資質・能力が磨かれていく。

2 腑に落ちる学びをつくりだす

従来の設計では教師が「正解」を教え，それをやらせて，フィードバックをかける。たとえば自己紹介スピーチをそのように授業設計した場合，「やらされている感」のある学習になりがちである。なぜか。このスタイルの授業では，自己紹介のように紹介すべき内容・方法が，それぞれの学習者によって多様であってよいものでも1つの型（正解）の中におさまることを求めがちになるからである。

学習者にとって，この学びは，あくまで教師が教えた「正解（唯一の答え）」を，再生・再認することがゴールとして要求されることになる。よほど特殊な場合でないと，自分なりに工夫した学びは起こらない。うっかり自分なりに工夫した方法をとると，「なぜ勝手にやり方を変えたのか？」という教師による駄目出しが入ることもある。

これに対して，アクティブ・ラーニングの授業では，最初に最小限の足場が示されはする。しかしその後の活動では正解が多様に発見される構造になっている。正解は，自分がつくりだす場合もあるだろうし，誰か同じグループ，あるいは，代表メンバーによるパフォーマンスの中から学び取られる場合もある。それは教師が示したものとは異なっている。つまり「やらされている感」の小さくなる学習になっている。

これが活動を中心とした授業の効果として大きい。学習者たちは「自然に」学べた，「やらされている感」がない，「楽しい」学びである，というような語り方で，この，「腑に落ちる学び」について言及する。ただし，教師が教える学びだけを学びであると信じ込んでいる学習者の場合，この学びに気づかないことも少なくない。（こうした場合は，学びは学習者相互でも起こることを十分に説明をする必要がある。）

多くの学習者がアクティブ・ラーニングによる学びの成果に気づくためには相互のふり返りの文をプリントなどで示して，自分が気がつかないメタ認知が存在すること，自分は無意識にしていた問題解決を意識的にやっている学習者がいることを知らせる授業設計にする必要がある。そしてそうしたメタ認知や問題解決力に関する気づきを，実際の活動の中で体験させていくスパイラル型の教材配列をすることが必要になる。そうした授業設計によって学習者の中に腑に落ちる学びが生まれてくる。

3 長い記憶に残る学びになる

アクティブ・ラーニングの学びは記憶に残る学びになる（ことが多い）。

大学生などに，小学校から高校までの授業で記憶に残っている授業を再生してもらう簡単な記述式アンケートをすると，上位に出てくるのは，必ず活動中心の授業である。
　しかも，その記憶はかなり細部まで覚えているエピソードの記憶になっている。
　学びが長い記憶に残ることで，その学びの記憶は繰り返し活用される可能性が高くなる。つまり参照源として活用される。つまり授業の時だけでない学びになる。なぜアクティブ・ラーニングの学びが長く記憶に残ることになるのか。教師が「正解」を教える授業とアクティブ・ラーニングの授業はどこが違っているのだろうか。
　教師が「正解」を教えて，それを実演・点検するような授業は，「唯一の正解」を巡る情報のやりとりに終始しがちである。予想外の答えが出た場合もイレギュラーな学習行動として処理され（注意され），教師の説明した言葉だけが貧しく残る。
　これに対して，アクティブ・ラーニングの学びでは，たくさんのエピソードが誕生する。授業の中で「多様な正解」が生み出されるからである。授業の中で生まれた「多様な正解」には必ず学習者の生成したエピソードが張り付いている。その張り付いているエピソードが，アクティブ・ラーニングの学びを忘れがたくするのである。
　これは心理学でいう「エピソード記憶」に相当する。エピソード記憶は個人的で，感情的な経験の記憶のことをいい，いわゆる「意味記憶」と対をなしている。意味記憶は一言でいえば知識の記憶である。「覚えようと意識して覚える知識」で，体験ではなく勉強（繰り返し）によって得られる記憶である。抽象的な記憶である。いわゆる勉強のできる子は意味記憶に優れた子と言える。これに対してエピソード記憶は特に覚えておこうと意識しなくても，自然に覚えているのが特徴である。たった一回の記憶が細かな点まで焼き付くように記憶に残る。長く残るのも特徴である。
　このエピソード記憶と意味記憶は，基本的に別の記憶システムである。しかし接点がまったくないわけではない。たとえば実験や工作では実際に体験するので，その時の映像や感情が脳に深く刻まれる。意味記憶＝知識とエピソード記憶＝体験の融合による相乗効果が生まれる。エピソード記憶と意味記憶という観点からすると，アクティブ・ラーニングはエピソード記憶が活性化される可能性が高い。そのため長く記憶に残る学びになるのである。

●いま，なぜ「アクティブ・ラーニング」なのか
従来の授業をどう変えるとよいか

　教師の仕事の特徴として「ブリコラージュ（Bricolage）」ということが指摘されている。ブリコラージュは「寄せ集めて自分で作る」「ものを自分で修繕する」などをいう。「器用仕事」というふうに訳されることもある。教師の仕事を「器用仕事」などというと，

まるで悪口を言っているかのようであるが，必ずしもそうではない。

　教師は自分の信念・アイデンティティに基づき仕事をする。その仕事をするために，その教師が必要だと信じる道具（教育の考え，教材・教具，指導法）を手元にある材料で作り上げ，使う。このことをフランスの社会理論家であるド・セルトーはエリート文化の「戦略」に対して，民衆の日常的な「戦術」と捉えた。そこにあるのがブリコラージュ概念である。自分の信念・アイデンティティを第一に考え，それに基づいて道具を選ぶとすると，道具の選び方はブリコラージュ的になるということだろう。

　アクティブ・ラーニングと自分の持つ信念をどのように摺り合わせるか。その摺り合わせ作業の先に，教育的な可能性も見えてくる。

1 授業の断片に活用する

　アクティブ・ラーニングは「教授・学習法の総称」のことを言う。

　自分が信念に基づいて作ってきた授業スタイルをあまり変えたくないと考える教師はアクティブ・ラーニングを学習法の1つと捉え，授業断片として活用するのがよいだろう。まず自分の授業スタイルの授業断片にこのアクティブ・ラーニングの学びをパッチワーク的に使ってみる。その上で，授業の中の学習者の変化をよくよく観察し，その効果を吟味する。気に入るかも知れないし，納得しないかも知れない。その際，役立つのがわたしたちがミニネタとして発掘・開発してきた以下の教材である。

・『教室のふんい気を変えるミニネタ活用の授業づくり』（2007）
・『やる気と集中力を持続させる授業ミニネタ＆コツ101』（2006，国語・社会科・算数・理科の各編がある）
・『超簡単IT活用の授業ミニネタ＆コツ―子どもがノッテくる』（2005）
・『授業導入ミニゲーム集―はじめの5分が決め手』（2000）

　これらはどれもアクティブ・ラーニングに活用できるミニ教材集である。

　わたしがこのミニネタの発掘・開発の共同研究をさせてもらっていたのがいまから10年ほど前である。これらの本に触発される形で多くのミニネタ本が教育書市場に出回るようになったのは嬉しいことである。わたしの関わったもの以外でも中学校用の国語と英語の「ミニネタ＆コツ」本が作られている。またコミュニケーションの育成に限定した「ミニネタ＆コツ」本もある。同様の教材集は今や少なくない。

　未だ小中学校現場の授業づくりでは発問型授業が主流である。そうしたスタイルの授業にアクティブ・ラーニングの考え方を入れていくには，まずはこうしたミニネタを授業断片として活用するのがよいかもしれない。こうしたミニネタは15〜20分ほどの授業断片を構成するのに適切な長さである。

2 1時間の授業で活用する

　従来型の授業スタイルを変えるには先の授業の3類型が参考になる。
●説明中心の授業 … 授業の骨格として説明を使った授業
●発問中心の授業 … 授業の骨格として発問を使った授業

●活動中心の授業 ‥‥ 授業の骨格として活動を使った授業

　この３つの授業類型は，何を授業設計の中心にするかによって分類されている。

　大学授業における「一方向的な講義形式の教育」は，３類型の「説明中心の授業」に当たる。授業設計では「何を伝えるか」を決定すると，あとはわかりやすい説明を心がけるだけである。現在ではプレゼンテーションソフトを使った説明が主流になってきている。説明中心の授業では図解や写真などを上手に使った授業も少なくない。現場の授業づくりでもこうしたタイプの説明中心の授業が増えてきている。意味記憶を必要とするような授業ではこのタイプもよいだろう。理科や算数・数学のような概念を求める授業にはメリットのあるスタイルである。ただしすべての授業を説明スタイルでやろうとすると，いま必要になってきている「資質・能力」は十分に育たないことになる。

　次の「発問中心の授業」は小中学校の現場の主流である。授業設計を考える時に，教科内容を発問の形に小分けし，順序づけし，正解に導く工夫をする。授業の要所・要所で学習者たちによるディスカッションが行われるので，見た目にはアクティブ・ラーニングと違いはないようにも見える。しかし厳密に言うと，グループ・ディスカッションではなく，クラス・ディスカッションであることが多い。もちろんクラスでもアクティブ・ラーニングは可能である。しかし40人学級でクラス・ディスカッションを実施すると，大半のクラスでは，数名の発言者と大多数のそれを聴く人という構図になる。アクティブ・ラーニングの可能性は小さくなる。

　発問中心の授業で自分の授業スタイルを創ってきた教師がそのスタイルをアクティブ・ラーニングの学びに変えるのは，けっこう難しいかもしれない。学校現場の中には発問中心の授業がオーソドックスであるとする考え方がまだ普通に存在しているからである。そうした中で発問中心を活動中心に変えて行くには，発問中心でいくほうがうまくいく授業と活動中心にしたらうまくいきそうな授業を分けて考えてみるという発想がよいだろう。アクティブ・ラーニングとそうでないものを使い分けるのである。

3 単元レベルで活用する

　本格的なアクティブ・ラーニングの学びには単元レベルでの設計が重要になる。

　前述したようにアクティブ・ラーニングを本格始動させようとすると，学習者の様子を観察しつつ，活動＝アクティヴィティを少しずつ修正しながら授業をくり返すことが必要になってくる。1時間だけでは「資質・能力の育成」は難しいからである。

　教材配列には次の２つの考え方がある。

●累進型教材配列 ‥‥「易」から「難」に徐々に積み上げていく
●螺旋型教材配列 ‥‥ 学習者の「納得感」を少しずつ広げていく

　前述のとおり，講義式・発問型授業の背景には累進型の教材配列の発想がある。

　これに対してアクティブ・ラーニング≒ワークショップ型授業では螺旋型を土台に，学習者たちの「納得感」に焦点を当てる。まず最初のアクティヴィティで学習者たちの中に「納得感」がどのように広がっているか。よく見，よく聴く。そうすることで学習者の中の「納得感」の広がりを把握することができる。アクティブ・ラーニング≒ワー

クショップ型授業では，その見聞で見つけ出した不足部分を補うように修正した活動＝アクティヴィティを再投入する。この「観察・吟味・再投入」をくり返す。

　単元といっても事前に活動が列挙されて，それを積み上げるように実施することで何かが理解できるようになるというわけではない。そもそも「思考力」「表現力」「コミュニケーション力」などの資質・能力は，積み上げ型で履修をすればそれで身につくというものではない。まして「問題解決力」「自己省察力」は少しずつ学習者に「納得感」（＝腑に落ちる感覚）が広がっていって身につくものと考えられる。

　単元レベルではこうした教師を起点とした省察的実践が不可欠になる。

第2章

アクティブ・ラーニングの作り方・進め方

- アクティブ・ラーニングの基本要素とワークショップ型授業
- カリキュラムをデザインする
- ワークショップ型授業―学びのしかけ論と授業の基本形―
- 「アクティヴィティのプール」の活用
- 「協同学習の技法」による下支え
- 教師の心構えと指導技術―ファシリテーション―
- アクティブ・ラーニングの学習評価

●アクティブ・ラーニングの作り方・進め方

アクティブ・ラーニングの基本要素とワークショップ型授業

　あらためて本書の立場を明確にしたい。本書は文部科学省が推進を考えるアクティブ・ラーニングについて，わたしとわたしの研究仲間たちがこれまで開発研究してきた「ワークショップ型授業」をその代表格の1つとして導入を考える。その際，大学研究者たちが行っているアクティブ・ラーニングのための議論も参照する。

　その際，政策的定義，学術的定義，実践的定義の3つをすこし意識的に使い分ける。なぜ3つを使い分けるかというと，それぞれの定義が前提としている，働きかけようとする対象・目的が違うと考えるからである。3つの違いは以下の通りである。

1 政策的定義の背景と意義

　文部科学省の用語集による定義では講義（説明中心の授業）ではない授業づくりの方向性が強く打ち出されている。文部科学省はなぜ講義（だけ）による授業を超えようとするのか。それは「知識基盤社会」という言葉に端的に現れている社会の大きな変化にある。世の中の社会構造がものづくり中心の社会から知識活用を中心とした社会に変化したと捉えるからである。先に引用したドラッカーの議論は，この社会構造の変化を製造業に従事する人が大幅に減少し，知識労働者の数が大幅に増加しているというデータで端的に示した。構造変化はグローバル化・インターネット社会化などの関数として起こってきているが，日本はこの新しい社会モデルに対応した教育方法のシフトが他の先進国に比べて立ち遅れているという事情がある。

　ちなみにこの政策的定義の方向性として興味深いのは，それが「まず大学・高校」，「次に小中学校」という順序になっているということである。なぜこの順番になっているのか。それは問題の火元と言ってよい震源が大学・高校に近い場所にあるからである。これまでの学力づくりの焦点は大学入試にあった。これまでは大学入試時点でどのような知識が再生・再認できるか，受験生の脳内に存在すべきかということを中心に，すべてが組み立てられていた。教科書に書かれた知識がペーパーテストにより正確に再生・再認できることが高校・中学・小学校で求められることの大半だったと言える。

　もちろん従来型教育もそれがすべてではなく，子どもたちの将来の幸せを勘案した教育も行われていた。しかし教育行政的方向性からすると，漠然とした子どもたちの将来の幸せよりも大学入試時点の「知識」に焦点が当たっていた。その証拠に過去の学習指導要領では「何を学ぶか」ということを中心にした記述が延々と行われてきた。ところが，次期学習指導要領では「何ができるようになるか」を重視しようとしている。知識中心ではなく，スキル，更には態度をも含んだ（人間の）全体的な資質・能力の育成という

ことが言われるようになっている。そうなってくると従来の「一斉授業」「説明中心の授業」＜だけ＞では足りないということであろう。そのためのアクティブ・ラーニングへのシフトである。

　たとえば，高校の先生が，授業をアクティブ・ラーニングの方向性に変えたら入試学力が上がるのかという議論をしているそうである。これは政策的定義の指し示している方向性からすると，まったく的外れである。政策的定義の指し示している方向性は，従来の入試で試される学力＜だけ＞ではない学力が必要ということである。政策的定義はこの点がクリアーされるのであれば，およそどのような授業でもよいという方向性の定義をしていると言ってよい。

2 学術的定義の背景と意義

　アクティブ・ラーニングの学術的定義ではその学びを優れたものにする要素（条件）として「関与」「外化」という＜概念＞の重要性が指摘されている。アクティブ・ラーニング先進国の実践・研究を参照しつつ日本の研究論点も少しずつ深まってきている。いま現在，研究論点として特に議論が盛んであるのが「アクティブ・ラーニングにおける関与はどのようなものであるか」という点である。

　教育方法の変化は社会構造の変化に伴って起こる。新しい社会構造に対応した教育方法の開発研究として起こってくる。たとえば，アクティブ・ラーニングの議論で中心的なアクターとして登場する協同学習について。この協同学習の技法がアメリカで最も盛んに開発されたのは1980年代後半である。移民・貧困・発達障がいなどが社会問題化したのに対応して，一斉学習，説明中心の授業の見直しが起こった。

　興味深いのは彼の国アメリカでどのような開発研究が行われたかである。そこでの研究者の役割は日本のそれとは異なり，理論を作ることと同時に技法の開発を進めることだった。財団などから得た補助金を元に担当教授の作った理論枠に従って優秀な大学院生が協同学習の技法を次々に試作していったという。それを現場教師が実際に授業で試してみてデータをとる。その理論と実践の往還から出てきたのが協同学習の「技法」（授業に活用できる「フレーム」）である。約200以上あるという。

　このように学術的定義の強みは試行的な実践を行っていく際の「ふり返り課題」を示唆してくれる点である。この強みは大きい。政策的定義は，講義式授業を脱出して，学習者がただ説明を聞くだけではない授業づくりを試行するように促す。ではそうした試みをしたアクティブ・ラーニングを目指した授業は果たしてよい学びになっているかどうか。学術的定義にはその吟味をする際の手掛かりがある。確かに優れた実践家は，ある種の直感でこのふり返りを行う。しかしすべての教師がそれをできるわけではない。

　試行的実践に取り組んだ後，さらにその実践精度をせり上げるには学術的定義（特に基本要素になっている「関与」「外化」という概念）が役に立つ。その試行的実践は，学習者を学びのプロセスに関与させているか。またその関与の中で起こった学びの成果を外化させているか。学術的定義からはこうした「ふり返り課題」を手に入れることができる。その際，関与・外化とはどういうことかを知るには，その概念に触れている論

文を参照すると理解を深められる。

3 実践的定義の背景と意義

　アクティブ・ラーニングの代表格の1つとしてのワークショップ型授業の定義の核心は，「授業の中心に活動がある」「『ふり返り』をする」という2点である。このたった2文の実践的定義があることによって，アクティブ・ラーニングに取り組もうとする教師はその実践を始めることができる。この定義でアクティブ・ラーニングのすべての可能性を網羅できるわけではないが，それなりの形態がつくりだせる。この「それなりの形態がつくりだせる」という点が，実践的定義の強みである。現場の実践家は，自分に入手可能な材料でそれを手作りする。そこが出発点になるからである。

　授業をしようとした場合，これまでであれば教科書という最大の手掛かりがあった。教科書の該当ページを開き，そこに書かれた文字や図表を教材にして，その目標をクリアーすべく「説明」「発問」を考えることができた。しかし，アクティブ・ラーニングをするためには，教科書だけではダメである。目標に近づくためには「活動＝アクティヴィティ」を探し出し，修正し，それを学習者に体験させ，振り返らせる。

　実践家がやるべきことは，こうした「活動＝アクティヴィティ」を探し出すことと修正を加えることである。たとえば，「バズ・セッション」という学習法がある。ブレーン・ストーミングの一種である。アメリカのJ・フィリップスにより創案された。全体を6人ぐらいずつの小さなグループに分けて，それぞれのグループごとワイワイガヤガヤと自由なおしゃべりをする。その結論を全体に持ち寄って話をする。少人数のざっくばらんな話し合いを採用することで創造的なアイデアが出やすくなる。

　たとえば，「テレビの人気MCから学べる司会術は？」のような共通テーマを立て，グループごとにおしゃべりをする。「素朴な疑問をきく（笑福亭鶴瓶）」「台本（カンペ）を見ない（所ジョージ）」「いつもニコニコしている（中居正広）」「少しキツイことも笑顔で言う（田村淳）」のような意見が出てくる。こうした意見が小学校高学年から中学生ならある程度出てくるだろう。事前にテレビの人気MCの司会術を見てくるという宿題を出しておくと，さらに深い司会術に関する気づきも出てくるだろう。

　話し合い技法にはバズ・セッション以外にジグソー学習，パネルディスカッション，ディベート，ホワイトボード・ミーティングのようなものがある。こうした技法＝アクティヴィティをまずは探し出して，そこに学習内容を入れていく。従来の授業では，最初に話し合うべき内容が決まり，その内容が筋書き通りに話し合われる授業の流れが工夫された。しかし，この手順では，どうしても一斉の討論授業になって，数名の学習者だけが発言して，大半の学習者はそれを見守るだけになりがちだった。伝達すべき内容を全体討論の形で伝達しようとすると，そうなるということである。

　しかしアクティブ・ラーニングの発想に立つと，まず活動＝アクティヴィティ（技法）選びが最初にくる。なぜかというと，知識や情報を伝えると同時に学習者のスキルを上げるということに重点が置かれているからである。従来は知識や情報の伝達を第一に考えてきたので，この点の発想を逆転させる必要がある。ただし話し合いの内容が何でも

よいのではない。スキルも際立つテーマが慎重に選ばれないといけない。また内容伝達と話し合いスキルの修得がバランスよく行われていることも重要であるが，それは学習者によるふり返りの中身を吟味することによってはかることができる。

カリキュラムをデザインする

●アクティブ・ラーニングの作り方・進め方

アクティブ・ラーニングによる授業づくりを進めるに当たって，避けて通れない論文がある。安彦忠彦編『新版カリキュラム研究入門』(勁草書房)所収の佐藤学氏の「カリキュラム研究と教師研究」である。以下，その大筋を解釈を加えつつ述べていく。

常識的な（行動科学に基づいた）カリキュラム研究では「教育目標⇒教育内容の選択⇒教育経験の組織⇒教育結果の評価」と考えられてきた。しかしいまこうした常識的なカリキュラムの考えは新しいパラダイムにシフトしつつあると言う。

> 教師は，教室の外で開発されたカリキュラムや教科書やプログラムの受動的な遂行者ではない。教師は，絶えず計画を立て，カリキュラムやプログラムを修正し，授業の中で多岐にわたる複雑な選択と判断を繰り返し，自らの信念や理論に即して日々の教育活動を展開している。(p.163)

これまでは「教室の外で開発されたカリキュラム」が教師に与えられ，教師はその与えられたカリキュラムを「導管」のように教室の中に運び込むのであると考えられてきた。しかしこうした考え方に対して，1970年代から1980年代半ばごろに研究上の大変化が起こった。1つが「数量的研究」から「質的研究」へ。もう1つが「トップ・ダウンの方式でカリキュラムを開発して教育の生産性と効率性を追求する」研究から「教師の実践的思考を中軸とするカリキュラム」研究へ，である。

この2つの大きな変化によってカリキュラム研究の焦点が変化する。「教室の外で開発されたカリキュラムや教科書やプログラム」の研究ではなく，教師の「絶えず計画を立て，カリキュラムやプログラムを修正し，授業の中で多岐にわたる複雑な選択と判断を繰り返し，自らの信念や理論に即して日々の教育活動」をする研究がより重要であると考えられるようになったのである。この変化は当然，講義式授業を脱し，アクティブ・ラーニングに舵を切った授業づくりを進めるについても大いに関係してくる。

教師はこれまでのように「教室の外で開発されたカリキュラム」を待って，それを学習者に伝えていればよいというふうには考えられなくなっている。実際，アクティブ・ラーニングの1つであるワークショップ型授業を実践しようとすれば，事前に計画しておいた「活動＝アクティヴィティ」を順序よく行えばすむということではなく，「活動＝

アクティヴィティ」に関わりをもった学習者がどのような学びを行っているかということを活動の最中や「ふり返り」の言葉を通して,「絶えず計画を立て, カリキュラムやプログラムを修正し, 授業の中で多岐にわたる複雑な選択と判断を繰り返し, 自らの信念や理論に即して日々の教育活動を展開」しなくてはならない。

> 「思慮深い教師」の「反省的実践」においては, カリキュラムは「開発」されるものではなく,「デザイン」されるものと言ったほうが適切だろう。「カリキュラムづくり」とは「学びの経験のデザイン」に他ならない。そして,「デザイン」にとってもっとも重要なのは,「状況との会話」(レヴィ＝ストロース) である。(p.175)

つまりアクティブ・ラーニングの1つであるワークショップ型授業(に限らないが)では「活動＝アクティヴィティ」と「ふり返り」のある授業をただやればよいというわけではなく,「活動＝アクティヴィティ」と「ふり返り」を通して, 子どもたちの学びの様子を常に観察し,「状況との会話」を通して,「学びの経験のデザイン」をしていくのが当然になってくる。そういうカリキュラムづくりになってくる。

アクティブ・ラーニングがこれまでの自分の授業スタイルと違う上, カリキュラムについても従来の常識とは距離のある新しい発想法を身につけないとよいアクティブ・ラーニングを作っていくことはできない。しかしこうした考え方は慣れてしまえばさして難しいものではない。目の前の子どもが少しでも「深い学び」ができるように, 役に立つ「スキル」が見つくように,「資質・能力の育成」ができるようにくり返しくり返しふり返りを行いながら授業を作っていくというだけの話である。

●アクティブ・ラーニングの作り方・進め方
ワークショップ型授業
―学びのしかけ論と授業の基本形―

アクティブ・ラーニングとしてのワークショップ型授業をどうつくりだしていくか。まずはワークショップ型授業のベースになる「学びのしかけ論」の考え方を説明し, つぎに「ワークショップ型授業の基本形」と2段階に分けて説明する。

1 学びのしかけ論 ―枠の中の自由―

まずアクティブ・ラーニングとしてのワークショップ型授業を考えるベースになる「学びのしかけ論」とその基本原理「枠の中の自由」について整理したい。

①学びのしかけ論:授業を「学びのしかけ」という観点から見る授業論。すべての授業に「学びのしかけ」があると考える。きっかけは1970～1980年代に盛んになるシステム論の考え方を背景に授業づくりにおける「学習のしかけ」(八木正一)が発見さ

れたことによる。要点は「教師の学習者意識の有無」である。別の言い方をすると，授業づくりにおける「相互作用（インタラクション）」の自覚である。

授業を「直線的因果論」で捉えると，教師は学習者の学習をいかに巧みにコントロールするかということになるが，「円環的因果論」（相互作用）で捉えると，教室内にどのような学びの環境（雰囲気）をつくりだすか，その環境の中で学習者の自由度の高い学び（自律的学び）を促していくかということに焦点が当たるようになる。

②授業の3類型：学びのしかけ論では授業を「説明中心（のしかけ）の授業」「発問中心（のしかけ）の授業」「活動中心（のしかけ）の授業」の3つに類型化する。

3つの類型化の指標は「学習者の自由度」と「教師のコントロール度」である。それぞれ「しかけ」にどのような特徴的工夫があるかを検討する。この作業をすることによって「活動中心の授業」であるワークショップ型授業の特徴も明瞭になる。

以下，授業の3類型から「ワークショップ型授業」の特徴を探る。

「子どもを自由に活動させて，それで指導になるならこんなラクなことはない。自由に活動させるだけでは学力など育つわけがない」

こういう批判的な議論がある。

しかし，そうした批判にもかかわらず，ワークショップ型授業は確実に広がっている。それは「自由のないところに『本当のわかる』はない」という考え方が広がってきているからだろう。

ただし，活動中心の授業は，子どもたちに「完全なる自由」を与えるわけではない点に注意する必要がある。「説明中心の授業」や「発問中心の授業」では無意識に行っている思考活動の枠づくりを逆に自覚的に行っているといってよいだろう。次の図（「学習者の指導の跡・思考の幅」）を見てほしい。

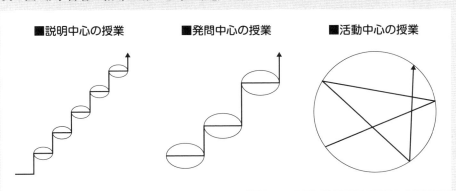

説明中心の授業や発問中心の授業では教師が話題や発問によって学習者の考えを導いていく。そのために効率よく学ぶことができるが，学習者の考える範囲（楕円）は小さくなる。これに比して活動中心の授業では，学習者は最初に大きな「円」（活動・考える範囲）を指定される。この範囲であれば，自由に試行錯誤をすることができるのである。説明中心の授業や発問中心の授業と比べると，学習内容の伝達効率は下がるが，思考の幅は広がる。腑に落ちる度合いは増す。

> つまりワークショップ型授業では「枠の中の自由」という考え方をとるのである。説明を中心とする授業が「話題」の工夫を，発問中心の授業が「発問」の工夫をするように，活動中心の授業は「活動」の枠づくりを工夫する。(上條晴夫・江間史明編著『ワークショップ型授業で社会科が変わる＜小学校＞』(図書文化，p.10)

　この「枠の中の自由」の考え方に基づいてワークショップ型授業の基本形が作られる。「枠」の目的はその「枠」（アクティヴィティ）を自覚的に準備することによって，学習者の学びの自由度を上げ，自律性を上げ，それによって彼らの腑に落ちる学びを作り出す。「活動」の「説明」も「ふり返り」もこの発想に基づいて行われる。

2 ワークショップ型授業の基本形

　アクティブ・ラーニングとしてのワークショップ型授業の基本形は次の通り。図式的ではあるが，以下の図解が授業づくりに役に立つだろう。

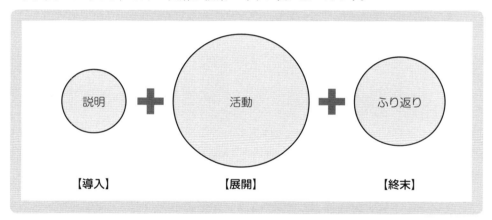

　ワークショップ型授業を作っていく手順に従って考えると，まず「活動＝アクティヴィティ」，次に「ふり返り」。最後に「説明」である。この順序で説明する。

(1) 真っ先に「活動＝アクティヴィティ」を準備する

　ワークショップ型授業が従来型授業と異なる点は，答えとその道筋を教師が導かず，個人で，あるいは学習者同士で協同しながら，多様な答えとその道筋を学習者自身に辿らせることを重視する点である。つまり結果よりプロセスを重視するのである。

　つまり「人は体験（プロセス）から一番よく学ぶ」という考え方に立つ。だから，ただ単に教室が盛り上がる活動がそこにあればよいというわけではない。「誰かと何かをしながらあることに気づいていくプロセス」。それが生まれる活動が必要になる。言い換えると，ワークショップ型授業における「活動＝アクティヴィティ」は学習者のプロセスに関わる気づき（感情・身体含む）を引き出すためのしかけである。その学びのしかけをそのしかけの核になるもので分類すると，次の3タイプになる。

＊遊び・ゲーム的活動……ゲーム・クイズ・遊びなど
＊表現・制作的活動………作文・ロールプレイ，スピーチなど

＊対話・討論的活動………ランキング・ディベートなど
　ワークショップ型授業で「活動（アクティヴィティ・技法）」を選ぶ際にもっとも留意すべき点は，いま目の前にいる学習者の「資質・能力」「スキル」「態度」などを変化・変容させるための学びのしかけを選ぼうとする観点である。学習内容とともに，その活動によって学習者の「資質・能力」「スキル」「態度」にどのような変化・変容が起きるかを考えることである。

　その「活動」（アクティヴィティ）選びの基準として以下3つがある。（慣れないうちは剥き出しの活動（アクティヴィティ）を選ぼうとするのではなく，本書のような事例集になっている活動（アクティヴィティ）をもとに選ぶとよいだろう。）

　基準Ⅰは，活動が学習者の興味・関心をどのくらい引き出すか。活動が学習者の興味・関心を引き出さないのであれば，学習者の学びへの関与は生まれない。アクティヴィティとそれによくマッチするような学習内容の組み合わせが最も重要になる。

　基準Ⅱは，活動が学習者の相互作用をどのくらい生み出すか。活動がただ単に学習者個人の学びで終わる場合は，そこから学ぶことのできる学びの量は小さくなる。単純に活動を見せ合うというようなことを少し工夫するだけでも学びの質は変化する。この相互作用を引き出すものとして協同学習の技法が大いに役立つ。なぜなら協同学習の技法は学習者相互の関与強度を強くするために考えられた装置だからである。

　基準Ⅲは，活動が学習者の集団状態にどのくらい合致するか。たとえば思春期の子どもたちが行うアクティヴィティでは手と手が少し触れ合うだけでも大きな緊張を伴うことがある。安心の活動がつくりだせないのでは，学びはフリーズを起こし深くならない。たとえば，「遊び・ゲーム」「表現・制作」「対話・討論」という並び順は言語（論理）的要素の低いものから高いものに並んでいる。逆に言うと感情的要素の引き出しやすいものからそうした感情の動きにくいものへという順序に並んでいる。活動と学習者の集団状態を考えるためには，こうした点にも配慮して活動を選ぶとよいだろう。

(2) 終末の「ふり返り（リフレクション）」をする

　従来の授業では，終末にはまとめをした。なぜならば，その授業で教え導いたはずの答えとその筋道を言葉で確認させて覚えさせるためである。これに対してワークショップ型授業の終末では「ふり返り」をして，活動で得られた気づきを外化する。

　このふり返りには，粗く言って次の3つの活動がある。
＊ふり返りの短文を書く
＊ペアやグループでおしゃべりをする
＊全体で感想を述べ合う

　ふり返りの要点は，活動の中で直感的に気づいたことを「言語化」することである。

　直感的な内容であるから「部分的」であったり「断片的」であったりする。しかし，それでもよい。あまり厳密に「言語化」する必要はない。外化されればよい。

　ワークショップ型授業の理解でもっとも大切なことは，ワークショップ型授業は必ずしも1時間で完結する必要はないという考え方である。ファシリテーターとしての教師

は，当然個々の授業の中で，その活動が教科内容の何を目標にした学びであるかを承知しつつ授業を展開する。そして学習者のうまくいかなさをフォローする。

しかし1回限りの「活動＋ふり返り」で個々の学習者の気づきを引き出す体験プロセスがいつでも完了するわけではない。むしろ完了しないことの方が多い。「資質・能力」「スキル」「態度」などが一朝一夕に変化・変容するとは言えないだろう。そこで「活動＋ふり返り」「(変化を伴った)活動＋ふり返り」「(さらに変化を伴った)活動＋ふり返り」ということをくり返すスパイラル型の学びが必要になる。

このスパイラルは活動からふり返り，そしてまた活動へとつながっていく。つまり，ふり返りを挟んだ活動をくり返すことによって，学習者は前の活動で学んだ気づきを次の活動の気づきで深めていく。足りなかった学び要素を次の活動で補っていく。

(3) 冒頭の「説明」で学び環境をつくる

ワークショップ型授業では「枠の中の自由」という考え方をする。教師のつくりだす安心感がベースにあるのは当然として，教師と学習者，学習者同士が相互に（擬似的な）水平の関係をつくりだすように授業冒頭で学びの環境づくりをする。

教師と学習者が「枠」（ルール）を共有することによって「教師はファシリテーター（促す人）であって教える人ではない」「参加者は学習へのタダ乗りをしない」「決まった答えがあるのでなく答えをつくりだす」などの状態をつくりだす。

その際，枠として明示すべきことは3つある。
＊トピック … 活動の内容（目的・手順・約束）
＊制限時間 … 活動をどのくらいの時間枠でするか
＊活動場所 … 活動に使える場所（レイアウト）

たとえば作文的活動の1つに鉛筆対談がある。いわゆる筆談である。この活動（アクティヴィティ）の大枠は次の通りである。
＊「2人1組で活動します」
＊「『外国にいくならどこ？』という話題で筆談します」
＊「筆談時間10分。その後に発表会をします」
＊「2人で1枚の紙に書きます」

従来の授業では学習の進展に応じて，その都度，教師が説明をして進行していた。しかし，ワークショップ型授業ではできる限り学習者の思考の流れを途切れさせない活動をさせるように，活動（アクティヴィティ）の全体を授業冒頭で説明する。

環境を整えるには，活動目的を明確にプレゼンテーションする。活動の枠づくりで一番難しいのは時間設定だろう。学習者のトピックを巡る学び（試行錯誤）が最大になるよう時間設定する。しかし，あまり長すぎる時間設定をすると，逆に活動がダレてくる。当然，授業時間の45分，50分というような制度的な時間枠組についても配慮する必要がある。

また学習者の活動における体験の流れをできるだけ止めないようにするためには，学習者の学習上抵抗になりそうな部分については「足場」を作っておく。たとえば，先の

鉛筆対談であれば,「外国に行くならどこか？」と地名を上げた後に「話すべき流れとしては,『なぜそこに行きたいか？』の理由を話します」とヒントを出す。

活動（アクティヴィティ）が学習者の関与を引き出す工夫をする。

●アクティブ・ラーニングの作り方・進め方
「アクティヴィティのプール」の活用

わたしがワークショップ型授業の発掘・開発研究を開始したのは2000年頃である。1997年から広く知られるようになる「学級崩壊」問題が背景にあった。学校外で行われていた様々なワークショップ活動をどうすれば学校教育の中に導入することができるか。学びのしかけ論の観点からさまざまに工夫を凝らしてきた。

まずは個々の教師がやってみること。実際に活動を試してみて，活動の中の学びに吟味を加えていく中で，少しずつよいもの，新しいものができていくだろうと考えた。わたしが当時編集代表を務めていた教育雑誌『授業づくりネットワーク』（学事出版）では度々「ワークショップ型授業」特集を組み，幾つかの出版社にお願いをしてワークショップ型授業という考え・事例集・アイデアブックの教育・普及に努めた。

たとえば，以下のような雑誌特集，著作を刊行することをした。

【雑誌】『授業づくりネットワーク』（学事出版）
　＊特集「アクティビィティで授業は上達する！」（2011/10）
　＊特集「活動中心の授業をつくる◆ワークショップ×協同学習◆」（2011/4）
　＊特集「授業に活かすワークショップ入門」（2010/5）
　＊特集「ワークショップ型授業！徹底研究」（2009/8）
　＊特集「追試で学ぶワークショップ型授業のすすめ」（2008/8）
　＊特集「ワークショップ型授業入門」（2006/11）
　＊特集「ワークショップ型話し合い授業」（2006/10）
　＊特集「ワークショップ型授業のすすめ」（2003/6）
　＊特集「ワークショップ型授業」（2001/11）

【書籍】
　＊『ワークショップ型授業が子どものやる気を引き出す』（学事出版，2007）
　＊『ワークショップ型授業で社会科が変わる』（図書文化，2005）※小中別冊
　＊『ワークショップ型授業で国語が変わる』（図書文化，2004）※小中別冊
　＊『授業の達人が提案！子どもの意欲を育てるワークショップ型授業 50＋プラス小ネタ26』（教育同人社，2002）※小学校1・2年，3・4年，5・6年別冊

ワークショップ型授業の普及には「アクティヴィティ」がどうしても必要と考えた。個々の教師がアクティヴィティを手作りすることはもちろん可能であるが，実際すべての教師にそれを求めることは難しい。たとえば，ある県の指導主事は次のように言った。「ワークショップ型授業の方向性は正しい。ほぼ100％の指導主事はそれを支持するだろう。文部科学省が人権教育に必要な教育方法として言っている教育方法がワークショップ型授業である。すべての指導主事がそのことを学んでいる。しかし多くの現場教師たちにはワークショップ型授業をしたくてもアクティヴィティの数が足りなくて，それを実施することが難しい」。わたしはその話を聞いて，「アクティヴィティのプール」を作ることがぜひ必要であると考えたのである。

　上記の『授業づくりネットワーク』特集号では，これ以外に「ワークショップ型授業」とは銘打っていないが，「学習ゲーム」「ドラマワーク」「多文化教育」などで活用されるアクティヴィティの紹介をしている。こうしたアクティヴィティのプールが新しい授業づくりを切り拓くための大きな力になっていくと考えたからである。

　同誌2011年10月の特集号で，わたしは獲得型教育研究会代表・渡部淳氏（日本大学）にインタビューしている。その中で渡部氏にも「アクティヴィティのプール」というアイデアをぶつけて考えを聞いている。これに対して，渡部氏は次のように答えている。「いま，私どもが考えているのは先生方の思いに添えるようなアクティヴィティを開発・提案していきたいということです。これがよい，こうすべきというのではなく，先生方がやっていきたいことをサポートする材料としてアクティヴィティを整えたいということです」「その上で，わたしはニーランズが言うように，教師として幾つかのアクティヴィティを持て。試せ。少しずつストックを増やしていけ。ということを言いたいです。そうしていくことが，参加・獲得型授業を身につけていくための上達論になるのかなあと思うからです」。

●アクティブ・ラーニングの作り方・進め方
「協同学習の技法」による下支え

　ワークショップ型授業の授業形態の基本は「ペア・グループ」である。

　ところがワークショップ型授業が徐々に広がり始める2000年代の主流と言える授業形態は「一斉指導」であった。そのため「ペア・グループ」による授業づくりに困難を感じてワークショップ型授業に二の足を踏む教師が少なくなかった。

　2000年代の最初の頃からわたしはこの問題を考え続けてきた。

　現場の教師たちの話を聞くと，一斉指導と違って，グループに分かれた学習形態になると，子どもたちを掌握することができなくなる。一斉指導であれば，誰が何をしてい

るかということを把握することができるが，グループに分かれた途端，キチンと勉強しているか，遊んでいるか，把握できなくなるので不安であるという。

　わたしは小学校教師をやっていた最初のころから大西忠治氏の「討議の二重方式」（大西忠治編・香生研著『班・核・討議つくり』1965）という方法を活用していたので，学習形態がグループになることにほとんど抵抗がなかった。しかしそうした経験をもたず一斉指導だけしていた教師にとっては，ただ単に学習形態をグループにするということだけでも不安で仕方がないらしかった。

　1998年5月号の『授業づくりネットワーク』で「授業づくりの基礎技術10のアイテム」という特集企画を組んだ時のことである。「10のアイテム」の一つに「グループ学習」を入れたのだが，執筆依頼した現場教師にグループ学習をした経験がないということを聞いた。その教師は「教育技術の法則化」運動などで熱心に授業研究に取り組んでいた人だったので非常に驚いた。それをきっかけに「20世紀の教育技術の集大成」を目指したという「教育技術の法則化」の文献を読み直すと，「グループ学習」文献がまったくないわけではなかった。しかし極めて少なかった。理由をあれこれ探索し進めると，1980年代半ば，法則化運動の立ち上げをする際に，運動づくりの方針として「一斉」「発問」が選ばれていることがわった。

　1980年代の半ば頃の授業研究の重点は「教材研究」にあった。教材研究をしてわかりやすい授業をすることが様々に工夫されていた。しかしまだまだ一般的には説明中心の授業が多かった。そこでそれを乗り越えるため「発問中心の授業」研究が選び出されて，それを中心に教育運動が展開された。「指示・発問の授業」ということが盛んに言われていたが，それはこうした研究運動における焦点化であった。

　それもあって2000年代に入り，「活動中心の授業」が動き始めた時，グループ学習に関わる教育技術は一般にあまり知られていなかった。わたしも自分自身の技としてはもっていたが，それを活動中心授業と関連させて提案することはできなかった。そこに「協同学習」の技法があるらしいという話が飛び込んできた。最初にその情報に触れたのは2010年8月号の特集でインタビューした読書教育が専門の足立幸子氏（新潟大学）の論文によってだった。足立氏の論文の中，読書ワークショップが前提とする理論枠の一つに「協同学習」が当然のように並んでいた。

　足立氏に直接うかがうと，ジョンソン兄弟ほか著『学習の輪－アメリカの協同学習』（二瓶社）あたりが基本テキストだろうと教えてもらった。取り寄せて読んでみると，これが非常によかった。すぐに訳者代表の杉江修治氏（中京大学）にインタビューし，杉江氏の紹介で関田一彦氏（創価大学）のインタビューをした。また関田氏の紹介でアメリカのスペンサー・ケーガン氏にインタビューさせてもらうことができた。

　関田氏には無理を言って「協同学習」の連続勉強会も開いていただいた。また九州地区で「協同学習」の勉強を進めるに当たって安永悟氏（久留米大学）に講師をお願いして勉強会をすることができた。安永氏には協同学習の技法だけではなく，ＬＴＤ話し合い学習法という協同学習ベースのアクティブ・ラーニングを学ぶことができた。

　杉江氏，関田氏，安永氏などが中心になって作られている日本協同教育学会の「協同

学習」の教師向けワークショップにも参加し，その技法を学ぶことできた。

そのワークショップで学んだ協同教育の技法は汎用性が高かった。理論をベースにした技法開発が行われていた。実践してみると協同学習の技法がワークショップ型授業でグループワークをする際の下支えになることがわかった。ラウンド・ロビンやシンク・ペア・シェアなどの協同学習の技法が使えるようになると，ワークショップ型学習をしようとする際のグループワークで困ることがなくなった。協同学習はそれ自体でアクティブ・ラーニングの強力な技法と言えるだろうが，ワークショップ型授業とクロスするカタチでその技法を使うと，さらに効果が倍増するようである。

以下のような本の中に協同学習の技法がさまざまに紹介されている。大学向けのものが主流であるが，小中学校で十分に活用可能である。

* 『学習の輪—アメリカの協同学習入門—』（D・W・ジョンソンほか著／杉江修治ほか訳，二瓶社，1998）
* 『学生参加型の大学授業—協同学習の実践ガイド—』（D・W・ジョンソンほか著／関田一彦監訳，玉川大学出版部，2001）
* 『討論で学習を深めるには—LTD話し合い学習法—』（J・レイボウほか著／安永悟ほか訳，ナカニシヤ出版，1996）
* 『先生のためのアイディアブック—協同学習の基本原則とテクニック—』（ジョージ・ジェイコブズ著／関田一彦監訳，ナカニシヤ出版，2005）
* 『協同学習の技法—大学教育の手引き—』（E・F・バークレイほか著／安永悟監訳，ナカニシヤ出版，2009）
* 『活動性を高める授業づくり—協同学習のすすめ—』（安永悟著，医学書院，2012）
* 『協同学習入門—基本の理解と51の工夫—』（杉江修治著，ナカニシヤ出版，2011）

●アクティブ・ラーニングの作り方・進め方
教師の心構えと指導技術
—ファシリテーション—

アクティブ・ラーニングとしてのワークショップ型授業を実現するには，まずは，適切なアクティヴィティを探し出し，試してみるところからスタートする必要がある。10年前と違って，今ならば様々なアクティヴィティを探すことができる。わたしが，多くの研究仲間の教師たちと発掘・開発したものも少なくないし，わたしたちの実践研究とは別に多くの研究的実践家がワークショップ型授業をつくっている。その授業の中心にあるアクティヴィティを参考にすればワークショップ型授業に踏み出せる。

渡部淳氏の言葉を引いたように（p.32），わたしも「教師として幾つかのアクティヴィティを持て。試せ。少しずつストックを増やしていけ」と言いたい。アクティヴィティ

を手掛かりに目の前の学習者の様子（思考の足跡）を観察し，彼らのふり返りの言葉をていねいに聞くことをくり返せば，少しずつアクティブ・ラーニングとしてのワークショップ型授業の質を高めていくことができる。学習者の「資質・能力」「思考力や表現力，探究心」「態度」などの育成をすることができるようになるはずだ。

　その際，「授業実践（アクション）」の中の学習者の学びを教師が常に「省察（リフレクション）」することが重要になる。次の図がそれを表している。アクションの中で起こる学習者の試行錯誤の学びを教師は常に観察し，「アクティヴィティの中ではどのような学びが起こっているか。そのヒットポイントは何か？」を振り返ることが重要である。そして眼前のアクティヴィティの学びでは足りない点を，次のアクティヴィティでどう補うか。それを常に考えることが必要である。アクティブ・ラーニングとしてのワークショップ型授業をするには，こうした教師の心構えが必要である。

　「実践（アクション）」と「省察（リフレクション）」によってアクティヴィティを中心とした授業を螺旋の学び―せり上がりのある学び―にできるのであれば，授業は学習者の深い学びを引き出すものに変わって行く。逆に，そうした省察的な実践をせず，単にアクティヴィティをくり返すだけでは学びの質は深まらないだろう。

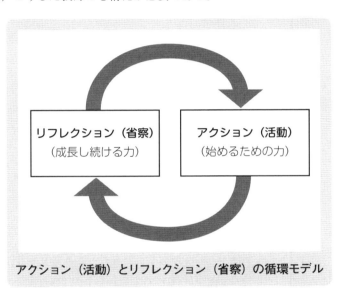

アクション（活動）とリフレクション（省察）の循環モデル

　ではアクティヴィティの中で学習者が行う試行錯誤の様子を教師はどのように，リフレクションしたらよいだろうか。その際，参考になるのが，学術的定義にある「関与」と「外化」という概念（考え）である。この2つを参考にすると，実践（アクション）の中で起こっている学習者たちの学びの質がより見えやすくなる。

　その際，松下佳代編『ディープ・アクティブラーニング―大学授業を深化させるために―』（勁草書房）所収の「関与の条件―大学授業への学生の関与を理解し促すということ―」というエリザベス・F・バークレーの論文（松下佳代訳）が参考になる。学術的定義における学習者の「学びの質」を見とるための目安がここにある。

　「深い関与を促す3つの条件」として，次の3つが書かれている。

　①課題は適度にチャレンジングであること
　②コミュニティの感覚
　③学生がホリスティックに学べるようにすること

　3つの条件の1つ目は「アクティヴィティ」に関わること，2つ目はワークショップ

型授業では通常「ファシリテーション」と呼ばれる教育技術に関わること，そして，3つ目のポイントは「授業のふり返り（外化）」に関わるポイントである。

以下，「深い関与を促す3つの条件」を実践レベルで書き直してみる。

1 アクティヴィティの難易度を調整する

教材づくりの定石は適度な難易度である。ワークショップ型授業におけるアクティヴィティもまた適度にチャレンジングであることは言うまでもないだろう。では活動についてどのように難易度調整をするか。

⑴ アクティヴィティの性質への着目

1つはアクティヴィティの性質に着目するとよい。

学びのしかけ論から見たアクティヴィティを埼玉大学（当時）の八木正一氏は次のように整理している（「『学びのしかけ』論とは〜八木正一氏に聞く〜」『授業づくりネットワーク』2010年10月）。この整理が難易度調整を考える上で役立つ。

> ①教育内容レベルのしかけ……代表例は「仮説実験授業」です。仮説実験授業では子どもたちが自ら考えたくなるようなユニークな教材を組織し，それを問題形式で提示するなどの工夫がされています。1960年代型のしかけです。
> ②教材・学習活動レベルのしかけ……アクティヴィティの授業がそうです。国際理解教育などでよく使われる「ランキング」「部屋の四隅」「ロールプレイ」など，構成された活動を使って学習者からの学びを引き出します。1970〜1980年代型です。
> ③学習者レベルのしかけ……生活科など場に着目をした授業がそうです。教師はきっかけとして「こんなことをやってみよう」と投げかけます。正解のない内容，具体的で子どもが身を乗り出すような内容を提示する，90年代型のしかけです。

アクティヴィティとしては教育内容レベルがもっともシンプルである。溝上慎一著『アクティブラーニングと教授学習パラダイム』の中に「ピアインストラクション」というハーバード大学の実践が紹介されている。その授業スタイルは仮説実験授業によく似ている。YouTube「アクティブで深い学びのための仕組み」（松下佳代）でも同じ指摘がされている。学習者が自ら考えたくなるようなユニークな教材を組織し，それを問題形式で提示する方法は仮説実験授業に馴染みのある教師であれば誰でも取り組みやすいだろう。こうした教育内容レベルの学びのしかけは教師にとっても学習者にとっても適度な「難易度」をもつ。アクティブ・ラーニングの入門編としてよい。

教材・学習活動レベルが次にシンプルである。本書，さらには過去10年の間にアクティヴィティのプールが作られている。たくさんの事例集・アイデアブックのストックがある。定番の「ランキング」「部屋の四隅」「ブラインドウォーク」「ブレーンストーミング」「ジグソー」「質問力ゲーム」「フォト・ランゲージ」「ワールド・カフェ」「ラウンド・ロビン」「特派員」もある。少し探すと見つけ出せる。

教師が新しい授業に取り組む際の考え方の1つに追試がある。先行実践を検討して真似してみる方法である。真似してみることによって、そのアクティヴィティの学びの勘所（ヒットポイント）がわかってくる。学習者の難易度はこの教師にとっての勘所理解と相関する。追試という形で教師がアクティヴィティを何度か使ってみることをくり返すうちに徐々にそのアクティヴィティは自家薬籠中のものとなる。そうなれば、難易度調整も自在にできるようになる。適度な課題をつくりだすことができる。

　ちなみに、追試のできる良質のアクティヴィティを入手するには、複数の実践事例を手元において検討をすることが大事である。先に示した「ランキング」「部屋の四隅」「ブラインドウォーク」他のような定番の実践事例であれば、探そうと思えば、今や相当数を探し当てることができる。

　学習者レベルのしかけがもっとも難しい。これは単元レベルで行う問題解決活動になるからである。このレベルのアクティブ・ラーニングをするには、事前に教材・学習活動レベルのワークショップ型授業をある程度やってみるのがよい。学習者レベルのしかけにも一定の活動枠は存在する。しかし相当に自由度の高い集団活動を展開することになる。教師にとっても学習者にとっても難易度は上がる。

　具体的な事例を1つ。わたしが大学で行っている「ニュースキャスターゲーム」という実践である。大学講義枠で5コマ連続。10人の学生たちがチームを作ってテレビのニュース番組を模した5分間の発表学習をする。5分間の中には30秒のコマーシャルタイムも設けなくてはならない。そして最初にこうした大枠のゴールを示すと、あとは学生グループが試行錯誤しながら、発表学習へ向けて活動を展開する。

　この活動は自由度が大きいだけに、活動自体の難易度も大きくなる。もちろん学生の行動を教師が手取り足取り教えてしまえば、難しいことはない。しかし、それでは「問題解決」や「自己省察」の力を育てることはできない。自由度を大きくとって、その自由度の大きさの中で「問題解決」や「自己省察」を実際に体験させる。そうすることで「問題解決力」や「自己省察力」を育てていくことができるのである。

(2) 足場づくりによる難易度調整

　難易度調整の2つ目は「足場づくり」である。

　説明中心の授業や発問中心の授業では、学習者の学習がうまくいかない時、教師は一旦学習の流れを止める。そして、学習内容や学習方法のについて、学習者である子どもたちに「こうすべし」と助言する。補説を加えて学習の方向を修正する。

　しかし、ワークショップ型授業ではできる限り活動を止めないようにする。迂闊に学習者の活動を止めてしまうと、思考（の流れ）が途切れてしまうからである。そこでワークショップ型授業では、活動をするに当たって、学習者の抵抗になりそうなところはあらかじめ「足場」を作るという事前作業をする。たとえば「自分の好きな歴史上の人物になりきってスピーチをする」という活動の場合、話し始めで立ち往生してしまう学習者が多い。そこで「わたしは○○です。わたしが人生を振り返って一番大事だと思う場面は〜の時です。それは…」という定番の語り出しを教えてしまう。それに対して、そ

れを聞く民衆役は必ず相づちを打つというようにする。こういう「足場」を作ることで難易度が調整できて思考も深まることになる。

2 学習者が学び合えるように促す

　アクティブ・ラーニング以前の授業では学習者が教師から学ぶということが前提になっている。それでワークショップ型授業を行っても教師から学ぶクセが抜けずに，学習者相互の学び合いを理解できず学びが起こらないケースがある。せっかくのワークショップ型授業なのに協同的学びが起こっていることに気づかないのである。

　これは非常にもったいないことである。たとえば音読表現などでグループごとの発表会の後，グループ代表による発表会を行おうとする。ワークショップ型授業では，教師が正しい音読法を教えるのではなく，グループの中で，他の学習者の音読表現のよさを学ぶという学び方をする。どうすればよいか。グループの中で1人の学習者が発表したら，必ず他のグループメンバーの1人，2人が評価コメントを述べるという協同的な学びのしかけを作ってしまう。そうすると，自然に，グループの中の他のメンバーに対して目が向くようになる。他の学習者からも学べるようになる。

　またグループ代表による音読表現についても，ボンヤリ聞かせているのでは，聞き流してしまって，せっかくの学び合いの機会が失われてしまう。グループ代表が発表をしたら，そのグループメンバーの一人ずつが「ここがよい」「ここもよかった」と応援演説のようなコメントを義務づける。こうしたちょっとした協同的な学びの工夫をすると，学びがどんどん深くなっていく。

3 ふり返りは「感情」も含めて行う

　ワークショップ型授業の学びは自らの体験から直接学習者が引き出す。

　従来型授業における教師の「まとめ」（理解し覚えることの内容を要約して示す）は行わない。この教師による「まとめ」をしてしまうと，せっかく学習者が活動を通して気がついた学び（思考の足跡）が押し流されてしまうからである。自分自身の気づきよりも教師の教える言葉の方を価値と捉えてしまうことになるからである。それではワークショップ型授業での学びを十全に学ぶことはできない。

　そこで教師はできるだけ「まとめ」をしない。代わりに学習者個々による「ふり返り」（外化）の活動をさせる。それをさせることで各自が活動の中，試行錯誤をしながら気づいたこと・感じたこと・考えたことを意識化できる。意識化したことの整理をすることができる。それによって活動の中の学びがより確かなものになる。

　ところで，この「ふり返り」であるが，一般的に認知的な側面に偏ることが多い。学習の中で気づいた認知領域に偏ってふり返りを行いがちであるが，情動／感情の面で起こった出来事についても，できる限りふり返るようにさせる。そうすることで，ふり返りがグンと深くなる。そのための方法としては，感情を伴った「ふり返り」のよい例を他の学習者たちに紹介するようにするとよい。そういう広げ方をすることによって，学習者のふり返りの質は広くもなるし，深くもなっていく。

アクティブ・ラーニングの学習評価

唯一の正解のある問題の解き方を教えて、それをテストによって評価する。
　これが従来型の教育の基本である。逆の言い方をすると、いわゆる客観体テストに解答できるように、その内容を上手に説明し、覚えておくよう促すのが、これまでの教育の基本形だった。しかしアクティブ・ラーニングのような「答えが1つではない問題」について活動・協同を通して学ぶ教育スタイルでは従来とは異なる評価の考え方や評価の技法が求められるようになる。評価をどうするか、考える必要がある。

1 ワークショップ型授業の評価の原則論

　アクティブ・ラーニングとしてのワークショップ型授業の評価をどうすべきか。
　わたしのこれまでの著作では、従来型の学習評価がいわゆる「知識・理解」を確認する客観体テストであるのに対して、ワークショップ型授業では記述式テストが基本であるということをずっと言ってきた。これがワークショップ評価に関する持論である。
　活動の中でそれぞれの学習者が何に気づき、何を考えたかを記述させる。
　「思考力」「表現力」「コミュニケーション力」について、個々の学習者がどのような気づきを持つことができたのか。それを学習者の言葉によってすくい取ろうとする。「問題解決力」「自己省察力」についても、学習者自身の言葉によって評価をする。
　もちろん完全な評価ができるとは考えていない。しかし一定の制度の下で行う評価は1つの方便である。アクティブ・ラーニングも当面はこれでよいと考える。
　つまり「思考力」「表現力」「コミュニケーション力」「問題解決力」「自己省察力」の中身についてできる限り厳密に定義し、それをある指標によって捉えることをしていけば、確かにより「妥当な学力評価」をすることができる。しかしいま現在の学校システム（制度）の中でそれをやろうとすると大きな無理が生ずると考える。いまの学校システムを大きく変えることのないまま評価を行うとしたらペーパーテスト。それでできる評価は「記述式評価」。これが従来までにわたしがとっていた評価論だった。
　しかしアクティブ・ラーニングということを国をあげて取り組み、いまの学校システムを大きく変えることも考えられるのであれば、もう少し本格的評価を考えることもできる。それは「思考力」「表現力」「コミュニケーション力」「問題解決力」「自己省察力」を評価するための実験室を設けて、それをチェックする。あるいは、より実際的な体験を作り出して、そこでの様子を観察・インタビューを行っていく。
　これを簡単な図にすると、次のようにまとめることができるだろう。

	数量的な把握をする	質的な把握をする
用紙に基づく	レベル1：客観体テスト	レベル2：記述式テスト
体験に基づく	レベル3：実験式テスト	レベル4：実践式テスト

　レベル1とレベル3は数値による評価である。それに対してレベル2とレベル4は言葉による評価を行おうと考える。できるだけ簡便な評価を行おうとするのであれば，レベル1と3。より本格的な評価を行うのであればレベル2・4である。
　わたしの推奨するアクティブ・ラーニングの評価は2・4である。

2 パフォーマンス評価

　アクティブ・ラーニングとともに注目を集めている学習評価法としてパフォーマンス評価がある。『「学び」の認知科学事典』（大修館書店）によると，パフォーマンス評価とは「文字どおり，何かの課題や活動を実際にパフォーマンスさせることを通して行われる評価」のことであるという。「ある特定の文脈のもとで，様々な知識や技能などを用いて行われる人のふるまいや作品を，直接的に評価する方法」である。フィギュアスケートの評価や絵画コンクールの評価がそれである。演技や作品を専門家が一定の基準に従って評価する。そこで必要なのが「プロの目」（＝鑑識眼）である。
　「思考力」「表現力」「コミュニケーション力」「問題解決力」「自己省察力」のそれぞれについて「一定の基準」を設け，それを単なる指標チェックだけではなくて，「プロの目」（専門家としての鑑識眼）で評価しようとなると一筋縄ではいかない。つまり教師側の「鑑識眼」が問われることになるからである。
　考えてみると，これまで教師は客観体テストに関する知識・技能は身につけてきたが，記述式テストをするための「プロの目」をほとんど身につけないままにきている。わたしは高校生が受ける小論文テストの指導テキスト作成のために，進学校と呼ばれる高校教師の指導した高校生の小論文を大量に読んだ経験がある。しかし正直言って，それらはひどいものだった。
　小論文テストで進学校と呼ばれる高校の教師たちがやっていた指導は，言葉の正誤に関する指導，文のねじれに関する指導，文字量に関する指導などの小論文の減点要素のチェックだけであった。論理的表現力，構想力，その他の加点要素についての指導・評価が行われている形跡をほぼ見つけることができなかった。
　こうした現状において，課題や活動についての直接評価を行ったらどういうことが起こるかというと，恐らく課題や活動をやらせて，それを減点評価するだけである。減点評価は評価の仕方としてはほぼ素人の評価法である。正しい答えを決めておいて，その答えに当たることをできなかったら減点するというものである。これは専門家が行う「不十分なところはあるけれど加点できる要素あり」を見抜く「プロの目」による評価とは決定的に異なる。減点法による評価では「よさ」の評価ができない。

結論としてパフォーマンス評価を現場で実際に行うには「課題や活動」の複雑性をできる限り最小限にし，そこを「方便」（作業仮説）として，活用するということが最善の方法である。たとえば，コミュニケーションであれば，多人数のそれを評価することは難しいので，2人組のそれを評価する。表現力であれば一分間スピーチのそれを評価する。思考力であれば，ディベートなどの言語論理教育のベースになっているトゥールミン・モデルを活用した意見表明文の出来具合を判断するなどである。

　「問題解決力」や「自己省察力」はインタビューが必要になるだろう。

　質的研究で言うところの半構造化インタビューが役に立つだろう。

* 参考文献：「パフォーマンス評価による学習の質の評価——学習評価の構図の分析にもとづいて——」松下佳代・京都大学高等教育研究開発推進センター）

3 ピア評価

　アクティブ・ラーニングの評価としてもう1つ重要なのがピア評価がある。

　ピア評価は同僚評価とも呼ばれる評価で，活動に参加する学習者相互の評価である。この方法は様々な試行的実践が行われているが，まだ十分な研究はされていない。しかし「問題解決力」「自己省察力」の評価としての可能性は大きい。問題解決力や自己省察力は，本人に気づかれにくいけれど，周りの学習者から見ると，よく見える「岡目八目」的要素が少なくない。

　たとえば単元に基づくワークショップ型授業（先述の「ニュース・キャスターゲーム）を行った後に，グループの中で問題解決力や自己省察力がどのように発揮されたかを相互に指摘する実践を試みたところ，本人も気づかない側面がたくさん出てきた。グループメンバーによる気づきのレベル（評価内容の些細さ）は教師一人では到底把握しきれないものであった。

　今後もし学校制度が一定の変化をすることがあれば，グループインタビューによる評価などの可能性はあるだろう。つまり教師一人だけでは把握しきれない質の能力を把握するものとして活用できる。グループメンバーとして活動したからこそ把握することができる「資質・能力」の評価の可能性は大きいということである。

第3章

実践!
アクティブ・ラーニング

国語	同じひと　み〜つけた　ゲーム
国語	『竹取物語』第六の貴公子を創作しよう
社会	君も起業家!　明治ビジネスプラン選手権
社会	わたしが新聞記者?　「憲法改正に関する世論調査」を報道せよ
理科	全員達成をめざせ!　マグネシウムの燃焼を3つの式で表現する
理科	全員達成をめざせ!　アブラナ花のつくりを調べて説明する
音楽	アルトリコーダー「シ」の達人への道 苦手な運指を克服するための練習曲をつくろう
保健体育	グループ解析!　1000m走の見える化計画
美術	絵画の謎にせまる　「ネーデルランドの諺（ことわざ）」を読み解く
技術・家庭	失敗しない「薄焼き卵」作り　究極の工夫点は何?
英語	4技能を活用したアクティブ・ラーニング型授業

国語●書くこと　わかりやすく説明する

同じひと み〜つけた ゲーム

平山　雅一●岩見沢市立緑中学校

単元目標

- わかりやすく説明するための要点を捉えることができる。
- 上記の要点を生かし，わかりやすい説明の文章を書くことができる。

単元計画 - 2時間

学習過程	時数	おもな学習活動
自分の考えを言語化	①	●ゲームの方法を説明する。 ●ゲームを行い，ふり返りをする。 ●そのふり返りを，2回目のゲームに生かす。
自分にとってのポイントを体得	②	●1時間目のふり返りを全体で交流しながら，「わかりやすく説明するコツ」について深める。 ●上記の力を生かしながら，ゲームを繰り返し行う。

単元構成

　1時間目はこのゲームに慣れ，交流することの良さを体感する。そしてふり返りを行う中で，目標である「わかりやすく説明するコツ」を深めることについて，自らの気づきを言語化していく。

　2時間目は，1時間目のふり返りを全体で交流することで，より多くの「気づき」を知る。そしてゲームを繰り返すことで得たたくさんの「気づき」から取捨選択したり再構築しながら，自分のものにしていく。

　このゲームで得た力を，他の場面（他教科や学級活動，生徒会活動など）で説明するときに発揮できるようにしたい。そのため，このゲームのみにかける配当時間は，当然あまり多く設定できない。本実践も2時間扱いである。可能であれば国語の授業だけではなく，コミュニケーションに主眼を置いたいろいろな場面（学級活動など）で活用すると，より効果的である。

●本時の概要　＊本時……❶ ❷

【本時目標】
より多くの文章を読むことで，その差異から「よりわかりやすい文章のコツ」を捉え，自分の言葉で表現することができる。

【活動】
①ルールの説明を聞く。
②カードを受け取り，書かれてある物（「チョコレート」など）について説明する文章を書く。
③周囲と交流し，文章を読み合って同じカードであろう人を見つける。
④全体で答え合わせをし，同じカードの人だったかを確認する。
⑤活動についてふり返りをする。
⑥ふり返りを生かして，2回目のゲームを行う。

【活動の由来・参考文献】
● 「話すこと／聞くこと」の学習では，道順を説明する題材がある。しかし，説明する「だけ」では，何が「よい説明か」の判断を生徒どうしでは発展させにくかった。よりよい説明に発展させるには，みんなが書いて，その差異から検討する方がよいのではないかと考えた。
● カードのレパートリーには，食べもの，校区・市内にある建物や共通理解できる場所，国旗など，生徒全員がイメージしやすく，身近なものを入れるとよい。ただ，このような学習で国旗を扱うことに異論もあるだろう。しかし，その差異からその国旗の持つ意味合いを生徒が調べてくる。そして，それを全体に紹介する。国語から少々離れてしまうが，国語の授業をきっかけに，価値観を学ぶ大切な機会にもなる。

本時の展開例　🕐 25分×2（下記の展開で2回行う）

説明（4分）

● カードに書かれてある事項について「わかりやすく説明する」文章を書きます。書いた文章を交流し，同じカードの人を見つけるゲームを行います。

＊「わかりやすく説明する」ではイメージしにくいだろうから，例を挙げて説明する。例えば，カードに「チョコレート」とあれば，「カカオを原料としたお菓子の一種である。焦げ茶色が多いが，白色の物もある」のような説明ができるだろう。決して辞書的な意味ではなく，日常用いている言葉や知識で説明し，生徒間でわかればよい。

活動（14分）

● カードを受け取り，説明する文章を書いてみよう（6分）。

＊ワークシートとカードを配布する。生徒は裏返しのままカードを受け取る。
＊開始の合図でカードを表にし，書かれている事項について説明する文章をワークシートに書く。
＊相手にわかりやすく伝わることが目的なので，分量は多くなくてよい。
＊上記の説明と書く時間（3分）を合わせ，この活動時間を6分としている。
＊3分間という短い時間で書くので，どんどん書くよう促す。
＊書き終わったカードは，他の人に見られないよう指示する。

● 同じカードの人を見つけよう（5分）。

＊ワークシートとペンを用意させる。
＊生徒間で自由にワークシートを交換させ，文章を読ませる。
＊文章を読んでみてカードが同じだと思ったら，ワークシートに名前を書くよう指示する。違うと判断したら，お互いにお礼を言って別れる。
＊制限時間を告げる。生徒数30名前後，カード6種類であれば，3分の交流時間で，二割程度の生徒が同じカードである人を全員見つけることができる。特に初めのうちは，一部がクリアするくらいの時間配分にする。後述するが，「次はクリアしたい」がこの活動の原動力となる。
＊上記の説明と交流時間を合わせて，この活動時間を5分としている。

● 同じカードの人だったかを確認しよう（3分）。

＊教師はカードを提示し，同じカードの生徒を起立させる。
＊生徒はワークシートに記入した名前が合っているかどうかを確認する。
＊活動に慣れてきたら，同じカードの人が集まるよう指示し，作文をもう一度読み合う時間とする。その場合，時間は5分程度とする。

ふり返り（7分）

●「わかりやすい説明をする」ために，気づいたことを書こう。

＊ワークシートに，「ふり返り」を記入させる。
＊可能な限り，ふり返りで書いたことを近くの人と交流させることで，生徒の学びが深まる。

生徒の変容

1 学習内容が生徒の言葉で表現される

「わかりやすく伝えるコツは何か」。

例えば，道順を伝えるときにどう説明したらいいだろうか。順序，方向，距離，周りの様子……大切な要素はたくさんある。しかし，すべてを盛り込むとむしろわかりにくくなってしまう。つまり，バランスも大事になる。

これらの知識を，どうすれば実践できるだろうか。技能を習得するにはコツがある。しかし，コツを知っているだけでは実践できない。自分のものにしなければ，この授業で得たコツも知識で終わってしまう。

生徒はこのゲームにより，「考える（気づく）→言語化する→やってみる→修正する／新しい知識を得る→やってみる……」活動を通して，実践的に使える力へと変えていくことができるのである。

また，生徒の記述には「色が入った方がいい」（事実の視点），「文は短い方がいい」（記述の方法）などがあった。これらの記述は，教科書等にはない観点である。ふり返りの交流をすることにより幅広い観点を学び，取捨選択をして，今後使える力となっていく。

2 抵抗感を下げることで，活動がダイナミックになっていく

上記のような「気づき」を増やすためには，交流活動が活発になっていることが必須である。そのためには，苦手な生徒を想定し，全体の（生徒どうしの）力で苦手な生徒をどんどん活動に巻き込んでいきたい。

この学習では，2つの大きなポイントがある。

1つ目は文章を書く場面である。書くことに抵抗を示す生徒は多い。この授業では長さを問わない。短くても級友に伝わればいい。具体例も提示する。そのことにより，少しずつではあるが，文章を書くことへの抵抗感を下げていくのである。

2つ目は交流場面である。学級全体で，自分の作品（作文）を見せることに抵抗を示す生徒もいる。この学習は「学級の中に，あなたと同じ人が6人います。探しましょう」というゲームである。さらに，時間も短い。「誰と交換しようか」と迷っている時間はない。近くの人と，どんどん見せ合わなければならない仕組みなのである。それでも，なかなか動けない生徒もいるだろう。しかし，より多くの人と交流する必要性があるのは，学級全員である。動けない生徒の所に，必然的に動ける生徒が来る。これが3分間（交流時間）に繰り返される。こうして，生徒の中にある抵抗感がぐっと下がり，2回目以降の活動の質が大きく変化していくのである。「この学習は楽しい」「次こそは全員見つけたい」，このふり返りは当然1つ目の「書く」抵抗感をも下げていく。全員見つけるためには「書く」ことが必須である。必要感から書くことへの抵抗をも下げているのである。

国語●書くこと　古典の世界

『竹取物語』第六の貴公子を創作しよう

渡邉　光輝●お茶の水女子大学附属中学校

単元目標

- ●『竹取物語』の世界を味わい，表現の工夫について考えることができる。
- ●『竹取物語』の世界をいかして物語を創作することができる。

単元計画 - 6時間

学習過程	時数	おもな学習活動
『竹取物語』を味わう	①②③	●冒頭の部分を読む。音読する。 ●五人の貴公子の場面をグループで分担して調べ，他のグループに説明し合う。 ●それぞれの場面の「物語のしかけ」について考える。
『竹取物語』をつくる	④	●第六の貴公子の設定やプロットを考える。
	⑤	●「物語のしかけ」を参考にして，物語を創作する。
読み合う	⑥	●「書き込み回覧作文」で読み合って楽しむ。 ●学習を振り返る。

単元構成

　本単元では，『竹取物語』の表現の工夫を味わい，その表現の特徴を参考にして『竹取物語』の一部分を創作する言語活動を行う。この言語活動を通して，古典作品の豊かな物語世界を味わうことと，描写や構成などを工夫して物語を書く力を高めることをねらっている。

　『竹取物語』は，神話や民話，昔話に類似する要素（モチーフ）や話型（パターン）を多分に含んでいる。本単元では，この『竹取物語』の構造に着目し，求婚難題説話の部分である「五人の貴公子」に「六人目」を書き継ぐ創作文を書くという言語活動を設定した。

　もとにある作品に創作文を書き継ぐためには，作品全体を見通し，作品の特徴をつかんで矛盾や破綻のない表現にすることが必要となる。創作に当たっては「五人の貴公子」の場面に見られるモチーフ（難題が出される→難題に挑戦，もしくは偽装→失敗，もしくは偽装が露見）を的確に押さえる必要がある。また，物語の表現様式の特徴である荒唐無稽な展開や誇張された表現，典型化された人物設定などの表現の特徴も押さえ，昔話らしい表現を意識して創作することが求められる。これらの表現の特徴を「物語のしかけ」と名付け，創作文を書く前に探求する活動を設定することとした。また，「第六の貴公子」を創作する際の発想支援として，他の昔話等で用いられている小道具をヒントとして提示し，ワークシートの中に盛り込む工夫をした。

　さらに，書き上がった作品をクラス内で読み合う「書き込み回覧作文」の活動を設定することで，書く意欲を高め，お互いの工夫を認め合い，学び合うことができるように配慮した。

●本時の概要　＊本時 …… ①②③❹⑤⑥

【本時目標】
『竹取物語』の世界をいかして「第六の貴公子」の物語の構成を考えることができる。

【準備するもの】
- 『ビギナーズ・クラシックス　竹取物語（全）』角川ソフィア文庫　などの資料
- 「第六の貴公子を創作しよう」創作メモ

【活動】
①学習課題をつかむ。
②第六の貴公子を創作するための枠組みを確認する。
③貴公子の名前や，かぐや姫が課した難題を考える。
④枠組みに沿って，物語の構想を考える。
⑤「物語のしかけ」を意識して物語を創作する。（次時）

【活動の由来・参考文献】
- 「五人の貴公子」の場面を読むためには教科書以外に補助資料として国語便覧や『ビギナーズクラシックス　竹取物語』（角川ソフィア文庫）などの現代語訳を参照させることとする。
- 物語に書き足して創作する作文指導については，青木幹勇『第三の書く―読むために書く，書くために読む』を参考にした。
- 「書き込み回覧作文」は池田修氏の実践を参考にした。
- 本実践は筆者の「中学校における「創作」の言語活動の工夫」―「想の展開」を促す「触媒」となる支援を中心として―」（「千葉大学教育学部附属中学校個人研究紀要　第43集」）の中で取り上げた実践をもとにしたものである。

本時の展開例 🕐 50分

説明（5分）
- ●「いままで『竹取物語』の内容について勉強してきましたが、今度は皆さんが「六人目の貴公子」について物語を作っていく学習を進めていきます。
- ●もとの作品にうまくつながるように物語を創作していくことがポイントです。完成したらクラス内で読み合うので、読んで楽しめる作品にしていきましょう。

活動（40分）
- ●まず、物語を創作する前に、もとの話では、貴公子の場面はどのようなパターンになっていたか確認しましょう。

＊前時までの学習を振り返り、五人の貴公子の場面が、次のようなパターンになっていることを確認する。
  1　姫から難題（お宝を持ってきてほしい）が出される。
  2　難題に挑戦する。（もしくは取りに行くふりをしてごまかす）
  3　失敗する。（もしくはごまかしたことが発覚する）
  4　姫にふられる。
＊これから創作する物語も、このパターンで書いていくことを押さえる。

- ●次に「創作メモ」を見て、貴公子の名前や、どんな難題にするか考えていきましょう。この選択肢以外で工夫できる人は、ぜひチャレンジしてみましょう。

＊貴公子の登場人物例や、難題のメニューから好きなものを選ばせる。これ以外で付けたい名前や難題のお宝があったらどんどん工夫をさせる。
＊貴公子の名前がキャラクター設定（性格や能力など）を暗示していたり、難題のお宝がストーリー展開を左右させたりすることを意識させる。

- ●登場人物と難題が決まったら、物語の構想を考えていきましょう。

＊ワークシートにより、構想を考えていく。アイディアが煮詰まったら、同じ難題を選んだ生徒同士で情報交換し、相談をし合う時間を設定してもよい。

【生徒の構想メモ例】
〔求婚者は〕餅作の皇子
〔どんな人〕根気強い・心が広い
〔姫の難題〕狸が化けるときに頭に乗せる葉
〔難題をどうしたか〕山に出向き、狸を捕まえて葉を手に入れる。証拠のために狸も一緒に連れてくる。
〔結末〕連れてきた狸に姫が「自分に化けて欲しい」と頼む。皇子は間違えて狸を好きになってしまう。しかし心が広い皇子は、そのまま狸と幸せに暮らした。

ふり返り（5分）
- ●次の時間では、いよいよ物語の執筆に入っていきます。どのように物語を工夫していきたいか、今日の学習を振り返りつつ、意気込みをノートに書きましょう。

生徒の変容

本単元を終えて，次のようなふり返りの記述が見られた。

> ○竹取物語を読む学習では，登場人物の設定や話のオチが毎回丁寧に書いてあると感じました。また，かぐや姫が少しずつ優しくなっていたので月に帰るシーンは悲しい感じがしました。物語を作る学習では昔の時代をイメージして言葉遣いや登場するもの考えることができました。
> ○自分で物語を作るのは大変だったけど，友達からの感想でほめてもらったから嬉しかった。もっと物語を書きたくなった。物語を考える過程も，アイデアがたくさん浮かんで迷うのが楽しかった。
> ○他人から見ると，表現の工夫など自分から気づかないところをほめてもらい新たな視点ができてよかったです。また他の人の作品も，話の作りが工夫されていたり表現の工夫がたくさんあったりしていたのでとても勉強になりました。

そこから，実践を終えて次のことが見えてきた。

1 「物語を書く」というゴールがあることで，物語の読み方が変わってくる

　本単元の学習では『竹取物語』を創作するというゴールに向かって学習が構成されている。そのため，事前に『竹取物語』を読む際にも，自分の作品の参考になるように，展開や表現の工夫に着目しながら読み進めることができた。このように，生徒中心の活動では最初に大きなゴールを示し，それを常に意識しつつ見通しを持って様々な活動が進んでいくような配慮が必要だろう。

2 ルールがあるから取り組みやすい。しばりがあるから楽しい

　創作文をゼロから作るのは簡単なようで難しい。むしろ本単元の活動のように，文章のお手本があり，構成の枠組みが決まっていて，さらに選択肢で例示していることで，書くことが苦手な生徒でも取り組みやすい課題となったようである。ルールやしばりなどの「型」を示しつつも，「型」を乗り越えて工夫して表現したい生徒の存在も認め，伸ばしていく活動としていきたい。

3 クラスの仲間と読み合うことで書きたい気持ちが高まってくる

　完成した作文を「書き込み回覧作文」として読み合ったことは書く意欲を高めるために有効な活動となった。クラス全員でお互いの作品を認め合い，肯定的なフィードバックをし合うことで，作文の様々な工夫を学び合うこともできた。また自分の作品の良さを様々な角度から発見することができた。

第六の貴公子を創作しよう〜創作メモ〜

「第六の貴公子」登場人物例（次から選ぼう）

- ア　酒作の皇子（さけつくりのみこ）
- イ　子持の皇子（こもちのみこ）
- ウ　左大臣明之明星（さだいじんあけのみょうじょう）
- エ　中納言小倉大福（ちゅうなごんおぐらだいふく）
- オ　その他（　　　　　　　　　　　　）←オリジナルネーム

かぐや姫の「難題」メニュー（次から選ぼう）

A 浄玻璃の鏡	B くさなぎの剣	C 打出の小槌
D 天の羽衣	E 魔法のランプ	F そのほか　オリジナル難題

構想メモ

求婚者は どんな人（性格）	姫の難題 どこにある	求婚者は難題を どうしたか	その結末は

52

資料1:「物語のしかけ」ワークシート

◆『竹取物語』の物語のしかけ

『竹取物語』には、物語を魅力的なものにするためのさまざまなしかけがされています。そのような「物語のしかけ」を探し、自分の作品の参考にしましょう。

「物語のしかけ」の種類
A 構成のしかけ……時・場所などを変えたり、ゆがめたりする
B 人物設定のしかけ……登場人物の容姿や性格を設定して際立たせる
C 出来事のしかけ……不思議な出来事や偶然を起こす
D 道具のしかけ……不思議な小道具を仕込んで話を展開させる
E 表現のしかけ……読み手に印象に残る言葉づかいなどを工夫する

ページ	種類	「物語のしかけ」とその効果
例）3	B	姫が三ヶ月で大人になる。→月から来たことを表す

資料2:書き込み回覧作文と生徒作品例

◆「書き込み回覧作文」の進め方

書き上がった作文をクラス全員で回し読みしていく。

一人当たり読むのは1〜2分程度。読んだ人は以下の視点で、サイドラインを引いたり、行の間や余白にコメントを書き込むようにさせる。記入者名も書き込ませる。

・面白かったところ
・表現で工夫されていたところ
・内容に対するツッコミなどの反応など、肯定的なコメントになるように留意させる。

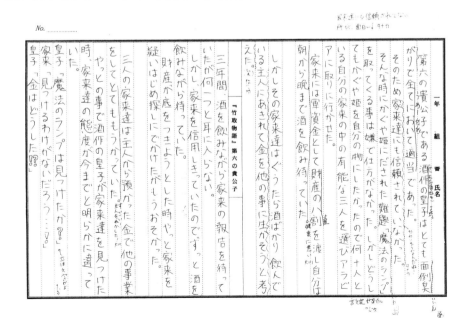

社会●歴史的分野　近代の日本と世界

君も起業家！明治ビジネスプラン選手権

関東　朋之●山形大学附属中学校

単元目標

- グループの仲間と協力しながら，意欲的にビジネスプランを考え，明治時代の産業や文化や国民生活の変化に関心をもつことができる。
- 明治時代の様々な資料から，ビジネスプランを考えるのに有用な情報を抽出し，それらを結びつけて，説得力のあるビジネスプランを立てることができる。

単元計画 — 5時間

学習過程	時数	おもな学習活動
説明	①	●岩崎弥太郎についての話を聞く。 ●学習課題とルールの説明を聞く。
活動	②③④⑤	●個人で「○○（場所）で△△（商売名）」という形で起業プランのアイデアを5つ程度考え，付箋紙に書き出す。 ●4人グループを作り，その中でプランを1つに絞る。 ●発表会（各グループ1分30秒程度） ●「いい商売だ」と思うプラン3つに，投票する。
ふり返り		●ふり返りを書き，発表し合う。

単元構成

　もし，明治時代の日本で会社（商売）を始めるとしたら，どこで何をすると成功するか。4人グループでそのアイデアを考え，最後にクラス全員の投票によってプランの優劣を競うアイデアコンテストである。

　ルールは次の通りである。①明治時代に営業可能な商売であること。②商売をする場所は，日本国内か，日本の植民地であること。※海外との貿易を考えるのはよいことにする。③「企業理念」を考えること。※この商売をすることによって，社会にどのように貢献するかを表したもの。例えば「みなさまに，清潔な暮らしをお届けします」など。

　明治時代の学習をすべて終えてから，この学習活動を行う。ただし，明治時代の学習を始めるときに，単元の最後に「ビジネスプラン選手権」を行うことを予告しておく。そうして学んだことを活用したり，明治時代を大観したりする学習としての位置付けを図る。

　アイデアは，「○○（場所）で△△（商売名）」という形で考える。個人でいくつか考えた後，4人グループで1つに絞り，成功するという根拠を資料から探し出し，プレゼンシートを作成する。また，企業理念を考えさせて，企業の社会貢献も視野に入れていく。各グループのプレゼンの後，成功しそうだと思うプランの投票を行い，その優劣を決する。

●本時の概要   ＊本時 …… ❶❷❸❹❺

【本時目標】
仲間と協力しながら，根拠と理由付けを明確にして，明治時代に成功しそうなビジネスプランを立てることができる。

【活動】
①教科書や資料集，配布された資料などを参考にして，個人で付箋紙に「○○（場所）で△△（商売名）」という形で，アイデアを5つ程度考える。
②4人グループで付箋紙を出しながら，個々にアイデアを提案していく。
③プランを1つに絞り，教科書や資料をもとに根拠と理由付けを考え，プレゼンシートを作成する。
④グループごとにビジネスプランのプレゼンテーションを行う。
⑤成功しそうだと思うプラン3つに投票する（自分たちのプランに1票入れてもよい）。
⑥学んだことや自分の変容を中心に，ふり返りを書く。

【活動の由来・参考文献】
●筆者が考案した「めざせ豪商！大江戸ビジネスプラン選手権」の明治版である。
●『マネーの虎』というテレビ番組と公民の『ハンバーガーショップの経営者になってみよう』，地理の工業立地条件の授業が発想のヒントになった。

本時の展開例 🕐 250分

説明（10分）

● 「君も起業家！明治ビジネスプラン選手権」という授業をします。もし，明治時代の日本で会社（商売）を始めるとしたら，どこで何をすると成功するか。4人グループでそのアイデアを考え，最後にクラス全員の投票によってプランの優劣を競うアイデアコンテストです。ただし，以下のルールに従ってください。

＊授業のルールや流れについてプリントを使って説明する（「単元構成」参照）。

活動（230分）

● 各自で「〇〇（場所）で△△（商売名）」という形で5つ程度考え，付箋紙に書き出してください（15分）。

＊机間指導を行い，考えるのが難しそうな生徒には，教科書や資料のどこを見るとよいかアドバイスする。
＊基本的に生徒のアイデアを面白がり，感心する姿勢で机間指導する。
＊時間が迫ってきたら，1〜2つでも構わないことを伝える。

● 4人グループになって，お互いにアイデアを出し合い，プランを1つに絞ってください。決まったグループからプレゼンシートを作成してください。「根拠」をしっかりと示すことが大事です。

＊付箋紙を一気に出すのではなく，プランを説明しながら1枚ずつ出すように言う。
＊プランを融合させたり，さらに新しいものを考えたりするのもよいと伝える。
＊「根拠」（史実）を踏まえているかを大事にさせる。

● プランができたら，発表の練習をしましょう。発表の制限時間は1分30秒です。写真や絵を画面に映すこともできます。

＊発表の様式を，プランシートに用意しておくとよい。

● 各グループ，発表をしてください。直前に発表したグループは，必ず質問するようにしてください。

＊発表が終わったグループに必ず次に発表するグループに質問するよう指示する。最初に発表するグループには最後に発表するグループに質問させる。

● これから投票を行います。どのグループのプランが成功しそうか，3つ選んで票を入れてください。自分のグループに1票入れることもできます。

＊当時のお札のレプリカを用意し，後ろに磁石をつけて3枚ずつ配り，黒板に貼らせるようにしてもよい。

ふり返り（10分）

● 授業を通して，学んだことや感じたことを書いてください。

＊授業を通して自分の変容がわかるように書くことを求める。

生徒の変容

1 知識や概念を道具化して考える思考が育つ

ふり返りに，「教科書を見て，『横浜には港がある』など，改めて教科書を読み取ることができました」と書いた女子生徒がいた。地理の授業で横浜港の輸出入額のグラフを見たり，歴史の授業で日米修好通商条約を学習したりして，「横浜には港がある」ということは知っていたはずである。しかし，今回「明治時代に起業する」という学習課題を考えることを通して，「改めて」横浜が港町であることに気づき，横浜という都市の有用性が立ち現われてきたのだろう。起業するという面から物資の動きを具体的に想像する中で，横浜という都市の特性がよりリアルに浮かび上がり，彼女にとって使える知識になったのである。このように社会的事象を自分の言葉で解釈し，問題解決の道具として使用していく思考が数多く見られる。

2 「根拠」と「理由付け」を分ける思考が育つ

プランシートでは，「根拠」と「理由付け」を分けて書くことを求められる。「根拠」が提示できることは社会科の能力として重要な要素であると考える。「東京でセメント製造」を考えたグループの生徒はふり返りにこのように書いた。「明治時代は（建物が）洋風化していることに気がついた。それで洋風には必ず使われている，材料のセメントを製造することに決まった」。

この生徒の論理は次のように整理できる。明治時代は建物が洋風化している（根拠）から，東京でセメント製造をやれば儲かる。なぜなら，材料のセメントは必ず使われる（理由付け）から。根拠と理由付けを分けて考えることのできる思考力を育てたい。

3 荒唐無稽なプランにどう対応するか

この授業を実践しようとしたとき，不安になるのは，歴史学習としてきちんと意味のあるプランが出てきて，それが正当に支持されるのかということだろう。そのためにも，「根拠をしっかり示すこと」を大事にしていきたい。そうすることで，グループ内のプランニングの段階で，史実に基づかない根拠のないプランは淘汰されていくはずである。

また，社会にどう貢献するかという企業理念を挙げさせることも，意味のあるプランを立てさせるための枠になっている。与える資料を吟味することで，生徒の思考をある程度方向づけることもできる。活動に入ったら，おかしなプランが出ないように目を光らせているのではなく，一緒にアイデアの提案を面白がるぐらいの姿勢で机間指導をしていきたい。

関係する資質・能力：問題解決力／思考力／表現力／コミュニケーション力／自己変革力

社会●公民的分野　メディアリテラシーを育む

わたしが新聞記者？ 「憲法改正に関する世論調査」を報道せよ

松島　久美●天童市立第一中学校

単元目標

- 「憲法改正に関する世論調査」のデータを読み取り，与えられた視点（ミッション）に従って記事にすることができる。
- 仲間が書いた記事を読み合う活動を通して，報道する側の視点や姿勢によって記事が変わることに気づき，情報が持つ問題点と，それを正しく受け止めるために必要なことを考えることができる。

単元計画 — 2時間

学習過程	時数	おもな学習活動
準備	①	●日本国憲法の成立と3つの基本原則（「平和主義」「国民主権」「基本的人権の尊重」）を確認する。 ●憲法改正をめぐる議論が盛んになっている現状を知り，「平和主義」を謳った憲法9条が改正論議のポイントの1つになっていることを知る。
活動	②	●「憲法改正をめぐる世論調査（NHK調べ）」をもとに，与えられた視点（ミッション）に従って記事を書く。 ●グループごとに仲間の記事を読み合い，視点ごとに分類する。 ●「松本サリン事件」の際の誤報について概要を知る。
ふり返り		●活動をふり返り，情報の問題点や受け止める私たちの課題について考えをまとめる。

単元構成

　本単元は，〈偏った〉視点から「憲法改正に関する世論調査」の結果を報道し，それを互いに読み比べるというアクティヴィティを通して，メディアリテラシーについて考えさせる学習である。

　2015年の憲法記念日を前にNHKが発表した世論調査をもとに，憲法改正に関する国民の意識を記事にさせる。ただし，報道の視点を①憲法改正推進派の視点，②憲法改正反対派の視点，③ニュートラルな視点（実際にはその生徒がどのように受け止めたか）の3つに分け，一人一人のミッションとして与えることによって，〈偏った〉報道を行わせる。その後，できあがった記事を読み比べることで，1つの世論調査結果が，報道の視点によって全く異なった記事になることを実感させる。活動をふり返る中で，中学生なりに情報が抱える問題点と，それを受け止める私たちの姿勢について考えさせることをねらっている。

●本時の概要　＊本時……①❷

【本時目標】
憲法改正に関する世論調査を，各自に与えられた視点から記事にし，それらを読み合う活動を通して，情報が持つ問題点と，それらを正しく受け止めるために必要なことについて考えることができる。

【準備するもの】
- 憲法改正に関する世論調査（NHK調べ）をまとめた資料シート
- ミッション・ふり返りシート
- 報道シート

【活動】
① 本時の学習の流れを知る。
② 「憲法改正に関する世論調査（NHK調べ）」を読み，概要を理解する。
③ 個人ミッションを受け取り，与えられた視点から記事を書く。
④ グループごとに読み合い，話し合って視点ごとに分類する。
⑤ 「松本サリン事件」の際の誤報について概要を知る。
⑥ 活動をふり返り，情報の「限界」や受け止める私たちの課題について考えをまとめる。

【活動の由来・参考文献】
- 世論調査については，2015年5月1日に放送されたNHK世論調査（期間：同年4月17日から3日間，対象：全国の18才以上の男女，方法：RDD方式・無作為発生の番号に電話，回答：1551人〈回答率61％〉）による。
- 複数紙の読み比べという方法も考えられるが，あえて1つのデータを〈偏った〉視点から報道させることで，実体験を通して報道の抱える問題点に気づかせ，メディアリテラシーについて，自らに深く関わることとして考えさせることをねらった。

本時の展開例 🕒 50分

説明（5分）

- 今日は,「憲法改正に対して国民はどのように考えているか」について, NHKの世論調査をもとに記事を書き, それを仲間と読み比べる学習をします。
- ただし, 皆さんには報道の視点が書かれた個人ミッションを配りますので, 記事はそのミッションに従って書かなければなりません。記事は大見出しと小見出し, 記事の要旨のみでかまいません。
- 次に, 仲間が書いた記事をグループごとに読み合います。自由に話し合って, 同じミッションで書いたと思われるものに分類しましょう。

＊NHKの世論調査データを配布し, 概要を説明する。

活動（30分）

- では, 個人ミッションを配ります。勝手に開けてはいけませんよ。

＊氏名入りの封筒に「ミッション・ふり返りシート」と「報道シート」を入れたものを配布する。
＊個人ミッション（報道の視点）は次の3つ。
　①憲法改正推進派の視点
　②憲法改正反対派の視点
　③ニュートラルな視点（実際にはその生徒がどのように受け止めたか）

- 封筒の中身を確認してください。各自に与えられたミッションに従って報道シートに記事を書きましょう。

＊教師は, 机間を回りながら適切にアドバイスを行う。
＊与えられた視点から記事を書くという指示が生徒にとってわかりにくい場合は,「推進派の視点で記事を書くということは, それを読んだ人に, 国民の多くは憲法改正を求めているのだなと感じさせる記事を書くということです」と, 具体的に説明する。
＊記事の要旨の部分については, そのように書く理由をしっかり明記するよう話す。

- 班ごとに他のグループの記事を読み合いましょう。そして, 根拠を明らかにして同じミッションで書いたと思われるものに分類しましょう。

＊机をグループごとに合わせ, 他のグループの報道シートを読み合い, 分類させる。
＊正解を確認する。

- 「松本サリン事件」が起こった時の話を聞いてください。

＊机を元に戻して話を聞かせる（当時の記事や報道被害を受けた人の写真を掲示）。

ふり返り（15分）

- 今日の学習を通して, 感じたことや考えたことを書きましょう。

＊ワークシートにふり返りの視点を書いておく。
＊ふり返りの様子を机間指導し, 2～3人を指名して発表してもらう。

生徒の変容

1 「メディアリテラシーの大切さ」に気づく

　「書くための資料はみんな同じなのに、考えていることが違うとまったく逆の記事にもなるんだと分かって驚いた。自分が書きたい記事にプラスになることばかりを取り上げて書いているからだと思った」「どれを見出しにするかで見る側が受ける印象が180度変わるんだなと思った」これらは、同じデータをもとに自分たちが記事を書き、互いに読み合ったからこそのふり返りである。その上で、「記者は自分の捉えたことを新聞に載せているのかも」「一つだけでなく他の記事も読んでみると、もっと違うこともわかるのかな」と、「真実は何か」ということにも目を向け始めている。そして、「新聞やニュースが絶対正しいとどこかで無意識に思っているのかなと思った。一つの情報だけでその物事を判断してしまうのは少し早計だと今日の授業で学んだ」「一つだけでなくたくさんのニュース・新聞を見て、自分はどう思うか考えることが大切だと思った」と、中学生なりにメディアリテラシーの大切さに気づいている。

　さらに、「記事によって人の見方が大きく変わり、いろいろな人を動かすことができると分かった」「新聞は国民の思いを簡単に変えることのできる、便利で恐ろしいものなんだと思った」とふり返る生徒もおり、メディアによる世論操作の危険性を感じ取る鋭さに驚かされる。体験を通して、社会的事象を批判的に捉える力が芽生えたと言える。

2 社会的事象と関連させて捉えることで育まれる「思考力」

　本単元の学習は、記事を書く場面での「資料活用力」と「表現力」、グループで読み合う場面での「コミュニケーション力」など、様々な能力を駆使して行われる。

　しかし、最も身につけさせたいのは、学んだことを実社会の出来事と関連させて考え、これから自分たちは何ができるか・何をすべきかを考える力である。生徒たちに書かせたような「意図的に偏った記事」など実際にはあり得ないかもしれないが、少し視点を変えると、身の回りの情報の「表現」や「真偽」に疑問が湧いてくる。そしてさらに、自分は何をすべきか考えるようになる。本単元の学習で育まれたこのような「思考力」や「自己省察力」（単に能力ではなく、考えようとする資質も含めて）は、生徒のふり返りに表現されるので、教師は注意深くふり返りを読み込むことが大切である。また、グループごとの話し合いは生徒の思考が深まるきっかけになるので、話し合いの様子もしっかり聞き取っておかなければならない。

　活動中に、考えていることをうまく表現できずにいる生徒が見受けられることがある。ふり返りのみを評価の対象とすると、このような生徒の学びが見えなくなってしまう。このような時、教師からのちょっとした問いかけやアドバイスで、生徒

の思考が明確になったり広がったりすることも多いので，活動中は生徒の様子をしっかり見て，生徒の思考の糸口を引き出してやることも必要である。

❸ 「映像を受け取る」ことへの慣れからくる難しさ

　最近の生徒たちには，「新聞を読む」経験が絶対的に少なくなっている。加えて，情報は「映像で視覚的に受け取るもの」になり，自分の考えや疑問を差し挟む必要性など感じたこともない生徒がほとんどである。このような生徒にとって，新聞の見出しを考える活動のハードルは非常に高い。大見出しと小見出しの違いや見出しにふさわしい言葉遣いなど，助言しなければならないことがたくさんあった。

　今後どんなにテレビやインターネットが普及しても，文字情報を自分で読み，批判的に考えることの大切さは変わらない。特に，中学３年生では授業で学習したことがリアルタイムで新聞に載っていることも多く，新聞を使った授業は，学んだことと実社会との関連性を学ぶ上でも，批判的思考力を育てる上でも大きな効果を生む。従って，生徒たちに日頃から機を捉えて新聞記事に触れさせるよう教師が心がけていく必要があると思われる。

　また，見出しを付けるという活動は，捉えたことを端的に表現するための言葉選びとも密接に関連する。日頃から新聞を読ませて見出しに慣れさせること以外にも，単元の終末に学んだことを短歌で表現させる学習などを通して，言葉選びの能力を高めることも効果的であろう。

【報道シート】

報道シート	名前＿＿＿＿＿＿＿＿＿（No.　　　）

（大見出し）

（小見出し）

（記事の要旨）

〈注意〉全体としてどのようなことを報じたいのか，そのためにどのような資料やコメント等を使うかを書く。強調したいことを，何を使って報じるか書く。
　　　例：「改正賛成」「改正反対」どちらが多いのか分かるように棒グラフにして並べる

資料シート

わたしが新聞記者？
「憲法改正に関する世論調査」を報道せよ

3年　　組　　番　名前 _____

```
＜NHK世論調査＞
・期間　：　2015年4月17日～（3日間）
・対象　：　全国の18歳以上の男女
・方法　：　無作為発生の番号に電話（RDD）
・回答　：　1551人（2528人の61％）
```

※　以下の資料は、一部を抜粋しまとめたもの

質問1　今の憲法を改正する必要があると思いますか？
(%)

| 必要ある 28 | 必要ない 25 | どちらとも言えない 43 |

＜3年間の変化＞
(%)

年	必要ある	必要ない	どちらとも言えない
2015	28	25	43
2014	28	26	40
2013	42	16	39

質問2　そう考える理由は何ですか？
(%)

| 必要ある 28 | 必要ない 25 | どちらとも言えない 43 |

必要ある：
- 時代が変わって対応できない問題が出てきたから　79%
- 国際社会での役割を果たすために必要だから　12%
- アメリカに押しつけられた憲法だから　6%
など

必要ない：
- 戦争の放棄を定めた憲法9条を守りたいから　67%
- 多少問題はあるが、改正するほどのことはないから　20%
- 今の憲法がいい憲法だと思うから　6%
など

質問3　憲法9条を改正する必要があると思いますか？

| 必要ある 22 | 必要ない 38 | どちらとも言えない 34 | (%) |

※2013：「必要ある」と「必要ない」がほぼ同じ
　2014：「必要ない」が「必要」を上回る
　2015：2014年とほぼ同じ結果

質問4　そう考える理由は何ですか？

| 必要ある 22 | 必要ない 38 | どちらとも言えない 34 | (%) |

・自衛力を持てることを憲法にはっきりと書くべきだから　44%
・国連を中心とする軍事活動にも参加できるようにすべきだから　25%
・自衛隊も含めた軍事力を放棄することを明確にすべきだから　15%
・海外で武力行使ができるようにすべきだから　8%
など

・平和憲法として最も大事な条文だから　65%
・海外での武力行使の歯止めが無くなるから　13%
・改正しなくとも憲法解釈の変更で対応できるから　13%
・アジア各国などとの国際関係を損なうから　6%
など

質問5　憲法改正にどの程度関心を持っていますか？

| 非常に関心がある 21 | ある程度関心がある 49 | あまり関心が無い 23 | (%) |

全く関心が無い　6

質問6　戦争を放棄し，戦力を持たないことを決めている憲法9条が戦後果たした役割をどの程度評価しますか？

| 非常に評価する 34 | ある程度評価する 45 | | | (%) |

あまり評価しない　11　　全く評価しない　3

ミッション・ふり返りシート（「憲法改正推進派の視点」の場合）

わたしが新聞記者？
「憲法改正に関する世論調査」を報道せよ

3年　　組　　番　名前

目　標

与えられた個人ミッションにしたがって，
- 「憲法改正に関する世論調査」を報道する新聞記事を書きましょう。
- 記事ができたら，仲間の記事を読み比べてみましょう。

あなたへのミッション

憲法改正推進派（ぜひ憲法改正を行いたいと考えている人たち）の立場に立って，この世論調査結果を報道する記事を書きなさい。

1．個人ミッションを達成するために，どのようなことに気をつけて（どのようなことが伝わるように）記事を書きましたか？　工夫した点などを書きましょう。また，意識的に無視した情報などはありましたか？　それはなぜですか？

2．今日の学習を通して，感じたこと・考えたことを書きましょう。

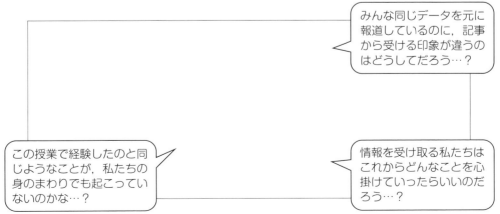

- みんな同じデータを元に報道しているのに，記事から受ける印象が違うのはどうしてだろう…？
- この授業で経験したのと同じようなことが，私たちの身のまわりでも起こっていないのかな…？
- 情報を受け取る私たちはこれからどんなことを心掛けていったらいいのだろう…？

理科●第1分野　酸化（化学変化と原子・分子）

全員達成をめざせ！マグネシウムの燃焼を3つの式で表現する

井上　創●千葉市立打瀬中学校

単元目標

- 構成する原子の数が少ない物質の酸化の実験を行い，原子や分子のモデルを用いて酸化を考察し，原子の組み合わせが変わることに気づく。
- さびや塗装などの日常生活と関連した酸化について知る。

単元計画 - 5時間

学習過程	時数	おもな学習活動
金属の燃焼 おだやかな酸化	①	● マグネシウムの燃焼の実験を行う。 ● マグネシウム原子，酸素原子のモデルを作る。 ● マグネシウム，酸素をモデルを使って表現しあう。
	②	● マグネシウムの燃焼を，原子モデルを動かしたり組み合わせたりしながら説明しあう。 ● 3つの式（物質名を使った式，分子モデルの式，化学反応式）で表現しあう。
炭素の燃焼 水素の燃焼 有機物の燃焼	③ ④	● 炭素の燃焼と水素燃焼を3つの式で表現する。 ● 有機物の燃焼では必ず水と二酸化炭素が発生することについて，メタンとエタノールの燃焼を例に，原子モデルを動かして説明しあう。
化合・酸化・燃焼の意味 おだやかな酸化	⑤	●「化合」「酸化」「酸化物」「燃焼」「さび」「さびる」について説明しあう。 ● おだやかな酸化と酸化を防止する工夫について，2つ以上の例をあげて説明しあう。

単元構成

　大単元「化学変化と分子・原子」は，化学変化の観察・実験を通して，物質の変化や量的な関係を理解するとともに，原子・分子のモデルと関連付けてみる見方や考え方を養う。よって，本単元は，燃焼の実験を行い，紙製の原子モデルを作り，これを使って説明しあう活動を中心に構成した。

　第1・2時は，マグネシウムの燃焼実験を行って，原子モデルを動かして説明しあうことで理解し，3つの式（物質名を使った式，モデルで表した式，化学反応式）で表現する。第3・4時は，物質を変えて同じことを行う（実験を除く）。第5時は，言葉を整理するとともに，日常生活や社会と酸化のかかわりについて教科書や資料集を参考に説明しあうことで理解を深める。

　学習内容の構成は従来とほとんど変わらないが，「全員が課題を達成できる」ことを課題として明示し，全員が達成できるような学習方法を生徒たちに考えさせ実行させることで活発なアクティブ・ラーニングに導く。

● 本時の概要　＊本時 …… ① ❷ ③ ④ ⑤

【本時目標】
・全員が，マグネシウムの燃焼について男女各2人（計4人）から説明を聞き，原子モデルを使って男女各2人にわかりやすく説明する。
・全員が，3つの式（物質名を使った式，分子モデルの式，化学反応式）をノートに書いて，男女に説明し，合格のサインをもらう。

【準備するもの】
- マグネシウム原子と酸素原子のモデル（前時に作成）
- 生徒のネームプレート
- 学習記録カード（毎時間の気づき，感想，考えたことなどを記録するカード）

【活動】
①本時の目的と課題を聞く。（指定席）
②全員が，原子モデルを動かしたり組み合わせたりして，マグネシウムの燃焼を説明しあう。（自由席）
③物質名を使った式，分子モデルの式，化学反応式をノートに書いて，マグネシウムの燃焼を説明しあう。（自由席）
④全員が課題を達成できたかふり返る。（指定席）

【活動の由来・参考文献】
● 本単元の構成は，西川純氏の提唱する『学び合い』（二重括弧の学び合い）に基づいている。参考文献は p.73 を参照。
● 『学び合い』の実践者と関心のある人で『学び合い』を学び合う定例会が全国で開催されており，4年間『学び合い』千葉の会（http://chiba.manabiai.info）で学んだ。

本時の展開例　🕐 50分

説明（5分）

- 今日の課題は，①マグネシウムの燃焼について男女各2人から説明を聞き，原子モデルを動かしたり組み合わせたりして男女各2人にわかりやすく説明する，②マグネシウムの燃焼の3つの式（物質名を使った式，分子モデルの式，化学反応式）をノートに書いて男女に説明する，の2つです。
- 課題はどちらから取り組んでもかまいません。課題ができるごとに自分のネームプレートを移動します。みんなの協力で全員が達成できた瞬間を想像してください。とても気持ちがよくてうれしくなってきませんか。全員が課題を達成するために，一人ひとりが工夫してください。
- 時間は〇時〇分（授業終了5分前）までです。質問はありますか？

＊学習の目的とゴールを，生徒にわかるように伝え共有する。
＊2つの学習課題と「スタンバイ」「①できた」「②できた」「すべてできた」エリアを板書し，生徒の名前を書いたマグネット式のネームプレートを準備する。
＊課題②について，3つの式の書き方，注意事項，見本の式は，教科書と資料集に出ている。答えだけでなく，書き方や数字の意味を話し合うように指示する。

活動（40分）

- ここから自由席で活動開始です。さあどうぞ。

＊最初，周りの様子をうかがいつつ，一人静かに取り組む生徒も多いが，やがて，相談を始めたり課題の説明を始めたりする生徒が出てくる。
＊生徒の望ましい行動に注目し可視化する（「〇〇さん，友達に聞きに行こうと思ったんだね，いいねえ」などと，周りに聞こえる声でほめる）。
＊他に「モデルを使って考えているんだね」「説明が上手だね」「教科書いいところを見つけたね」「〇〇さんが誘ってくれたんだね」「まずは一人で頑張っているんだね」「残り時間を気にしてみんなに教えてくれたんだね」などがある。
＊これらの声かけ（可視化）をヒントに，他の生徒たちは自分のやるべきことや作業ペースを再確認したり，学習方法を工夫改善したりしていく。

ふり返り（5分）

- はい，時間です。自分の席に戻ります。机と椅子を元に戻してください。
- 今日のふり返りを学習記録カードに書きます。
- 次回の課題は……です。

＊時間になったら活動の終了を宣言し，元の席に戻す。
＊全員が達成できたときは，「全員達成おめでとう，よくがんばったね」と学習姿勢をほめる。全員が達成できなかったときは，「あと少しでした，よくがんばりました」とほめつつ，生徒に「自分が」あとどんな工夫をしたら「クラス全員が」達成できたのかを考えさせる。

生徒の変容

1 学習(教えあい学びあう)は生徒の役割，課題の設定と評価が教師の役割

課題にしたいこと（すべきこと，出来栄え，してはいけないこと）は，すべて最初に宣言する。そして，始まったらゴールとルールは変えない。すると，生徒は自ら工夫し，集中し，協力し，生き生きと動くようになる。

今回は課題に「全員が」「動かしたり組み合わせたり」「男女各2人」「わかりやすく」「3つの式」「ノートに」「男女に」「脇に名前を書いてもらう」などを入れた。課題には，活動に必要なキーワードを入れ，かつ，できるだけシンプルにしたい。

授業の最後に，全員が課題を達成できたかを評価する。全員ができたら全員の努力をたたえ，誰かが残ってしまったら，自分にできることは何だったか自身の取り組みを全員にふり返らせる。この活動を繰り返すことで集団が育つ。

2 交流を支援し活性化する手立て，2つの可視化

生徒が自分のネームプレートを動かして進捗を示すこと，望ましい行動を教師が見つけて少し大きな声でほめることで，「そんな手があったか」「○○さんも同じところで悩んでいたんだ」など，グループを超えて，クラス全体の生徒の様子を感じることができる。そして「ちょっと見てこよう」「もう時間がないね，急ごう」「○○さん，こうするといいよ」など，自分たちの行動を自分たちで考えて，先に進めるようになる。

3 長い目で見て

生徒が課題を取り違えたり，課題と学習させたかった内容がずれていたりして，クラス全体が思わぬ方向に進んでしまうこともある。そんなときは，生徒が捉えたゴールで進めることもある。また，課題の難易度を誤り，達成者が少なかったり，すぐに全員達成したりすることがある。このときも，時間を延長したり，課題を追加したりはしない。

いますぐ何とかしようと教師が口を挟むと，生徒の大事な意欲の芽を摘んでしまう。多くの場合は次の授業で間に合うので，次の課題をもっと良いものにすればよい。

4 生徒集団の力を信じ，自由度は大きく

あるクラスに，課題のねらい，友達の表情，気持ちをつかむのが苦手な生徒がいた。でも，すべき行動ははっきりしているため，この生徒も，相手を見つけ，説明していた。周りの生徒も，全員達成が課題なので，一応聞いている。接点があるということが，お互いにとって貴重な体験である。

その後も，達成できたりできなかったりだったが，冬を迎えるころ，ある生徒がていねいに教え，この生徒がきちんと話を聞き，質問をしている姿を見ることができた。

■参考資料

【本時に必要な原子モデル型紙（1人分）】

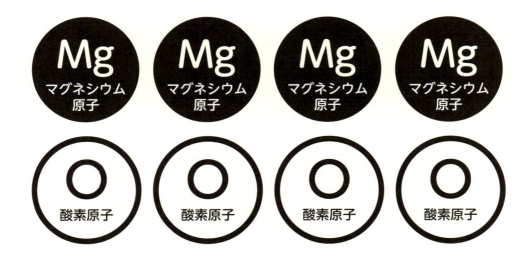

【使い方】
・原子モデル型紙を生徒数分コピーする。
・前時に配布し，生徒自身が切り抜く。
・原子モデルを組み合わせることで分子モデルとして使う。（実際は金属結合とイオン結合だが，化学反応式を書くときは分子として考えたほうがわかりやすいので，便宜的に分子として扱っている。）

【本時の課題で求める3つの式の答え】

◆物質名の式

　　マグネシウム ＋ 酸素 → 酸化マグネシウム

◆分子モデルの式

◆化学反応式　　$2Mg + O_2 \rightarrow 2MgO$

■ワークシート作成例

年　　　組　名前
_____

本時の課題

①全員が，マグネシウムの燃焼について男女各2人から説明を聞き，原子モデルを使って男女各2人にわかりやすく説明する。
②全員が，3つの式をノートにかいて男女に説明し，合格のサインをもらう。

◆3つの式をかく

（1）物質名の式

_____

（2）分子モデルの式

_____

（3）化学反応式

_____

◆3つの式を男女に説明する

説明した相手（聞いてくれた人に名前を書いてもらう）

男		女	

※ 聞いた人がわかりやすいと思ったらサインする。
※ どうしたらわかりやすくなるか，聞き手も聞きながら考える。
※ どうしてもうまくいかないときは，相手を変えてもよい。
※ 全員が今日の課題をすべて達成する！

理科●第2分野　花のつくりと働き

全員達成をめざせ！アブラナ花のつくりを調べて説明する

井上　創●千葉市立打瀬中学校

単元目標

- いろいろな植物の花のつくりの観察を行う。
- 観察や実習の記録に基づいて，花のつくりの基本的な特徴を見いだす。
- 花のつくりを花の働き（受粉及び胚珠が種子になること）と関連付けてとらえる。

単元計画 - 4時間

学習過程	時数	おもな学習活動
被子植物の花のつくりを調べる	①	●アブラナを分解し標本を作る。 ●花を構成する各部の名前を言いあう。
	②	●標本に基づいて花の各部の名称を，受粉と関連付けて説明しあう。
被子植物の花の働きについて説明する	③	●子房と果実の断面を観察する。 ●受粉後，子房が果実になり，胚珠が種子になることを説明しあう。 ●いろいろな被子植物の花を観察または参照する。
裸子植物の花のつくりを観察し働きを知る	④	●マツの花と種子を観察する。 ●マツの花のつくりと働きを説明しあう。 ●他の裸子植物の花と種子について知る。

単元構成

　本単元は，第1時の標本づくりや第4時のマツの枝の観察などを通して，花のつくりを知り，標本や実物を手にしたり目の当たりにしたりしながら級友と説明しあって花のつくりと働きを理解するものである。

　本単元は4時間すべてをアクティブ・ラーニングで行う。1時間目は作業中心にして，説明活動や新たな人間関係づくりが得意でない生徒も取り組みやすくした。また，助け合いを奨励して，ものづくりの得意でない生徒も参加しやすくなるようにした。2時間目は，前時に自分で作った愛着のある標本を使うこととして，自ら説明したい気持ちをもって課題に臨めるようにした。そして，これらの体験を3時間目と4時間目の説明しあう授業にも生かすようにした。

　アクティブ・ラーニングでは，クラスの人間関係が学びの深まりを左右することも多い。本単元は多くの中学校で入学して最初に学ぶ「植物の生活と種類」の単元で，その中でも前のほうに位置付く。つまり，クラスの人間関係があまりできてない中での授業となることも多く，この授業を通じて，クラスの人間関係をつくり，アクティブ・ラーニングを導入していくという側面がある。

●本時の概要　＊本時……❶❷❸❹

【本時目標】
- アブラナの花を分解して標本を作る。
- 花を構成する各部の名前とつくりを2人以上に言うことができる。
- クラスの生徒の協力によって,全員が課題を達成することを目指す。

【準備するもの】
- 教科書（標本のつくり方の記載がない場合は標本のつくり方のプリント）　●ノート　●アブラナの花（人数分）
- ピンセット　●セロハンテープ　●ネームプレート
- 学習記録カード（毎時間の気づき,感想,考えたことなどを記録するカード）

【活動】
①本時の目的と課題（活動内容とゴール）を聞く。（指定席）
②全員がアブラナの花を分解して標本を作る。（自由席）
③花の各部の名称を言いあう。（自由席）
④課題を達成できたか振り返る。（指定席）

【活動の由来・参考文献】
- 本単元の各授業の構成は,上越教育大学の西川純教授の提唱する『学び合い』（二重括弧の学び合い）に基づいている。
- 西川純編『クラスが元気になる！『学び合い』スタートブック』,西川純著『クラスがうまくいく！『学び合い』ステップアップ』（以上,学陽書房）

本時の展開例 🕐 50分

説明（5分）

- 今日は，アブラナの標本を作ります。作り方は教科書○ページにあります。標本には各部分の名前も書き添えてください。次の時間も使います。1人1つ以上，ていねいに作ってください。
- 次に，級友に標本を見せて花の各部の名称を説明します。聞いた人はよく分かったら標本の隣に自分の名前を書きます。このサインを2人からもらってください。
- 標本ができた人は黒板のネームプレートを「①できた」エリアに，2人からサインをもらったら，「②できた」エリアに移動します。「全員の」ネームプレートが「②できた」エリアに移動していることが今日の目標です。みんなの協力で全員が達成できた瞬間を想像してください。とても気持ちがよくてうれしくなってきませんか。
- ○時○分（授業終了5分前）までです。
  （「○○：○○までに全員達成」と板書）
- アブラナと必要な道具は前に用意してあります。質問はありますか？

＊学習課題と「スタンバイ」「①できた」「②できた」エリアを板書し，生徒の名前を書いたマグネット式のネームプレートを「スタンバイ」エリアに貼る。
＊学習の目的とゴールを，生徒に分かるように伝え共有する。
＊学習の目的は，学習方法（アクティブ・ラーニング）の体得である。これを1回の説明で全員に伝えることはできないが，教師が意識していることが重要。語ることで一定数の生徒に伝わり，クラスを引っ張ってくれるようになる。

活動（40分）

- ここから自由席で活動開始です。さあどうぞ。

＊生徒同士が自由に立ち歩き，情報交換をするなどの協力が生まれるのが望ましいが，課題は「全員が達成する」ことなので，誰か1人が黙々と作業していたとしても，それも1つの方法と捉える。
＊生徒の望ましい行動に注目し可視化する。（「○○さん，協力してやろうと思った（聞きに行こうと思った）のかな，いいねえ」などと，周りに聞こえる声でほめる。）
＊これらの声かけ（可視化）をヒントに，他の生徒たちは自分のやるべきことや作業ペースを再確認したり，学習方法を工夫改善したりして，集団が育ってくる。

ふり返り（5分）

- はい，時間です。自分の席に戻ります。机と椅子を元に戻してください。
- 今日のふり返りを学習記録カードに書きます。
- 次回の課題は……です。

＊時間になったら活動の終了を宣言し，元の席に戻す。
＊全員が達成できたときは，「全員達成おめでとう，よくがんばったね」と学習姿勢をほめる。全員が達成できなかったときは，「あと少しでした，よくがんばりました」とほめつつ，生徒に「自分が」あとどんな工夫をしたら「クラス全員が」達成できたのかを考えさせる。
＊次回の課題を示すことで，全員達成に向けて準備をしてくる生徒も生まれる。

生徒の変容

1 授業後のふり返りから

授業後のふり返りでは「きれいにできてうれしかった」「めしべやおしべの数とつき方を初めて知った」など学習内容に関わることや「○○さんが教えてくれてうれしかった」「あと2人で（達成だった）くやしい。私が教えてあげられるようになりたい」など，級友との関わりや学習の進め方に関わることなど，様々な感想が得られた。「今日の授業内容が分かった人」「今日の授業が楽しかった人」との問いかけには，全員の手が上がった。

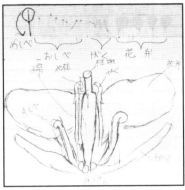

生徒が自作したアブラナの標本

2 「全員達成」を目指す意味

本単元の課題自体は従来の授業で行っているものと同じだが，これに「全員が達成する」と加えることで，アクティブ・ラーニングに変わる。

「全員が標本を作る」と書いた課題を確認して，「標本を作れた生徒が35人，作れなかった生徒が5人いたとしたら，今日の課題ができた人は何人ですか。」と聞いたとする。「35人」と答える生徒が多いと思うが，正解は0人である。

授業冒頭の説明の中で，不得意な生徒向けに「うまくいかないときは，得意な人に教えてもらうことや助けてもらうことが大事。」，得意な生徒向けに「できた人は，分からない人の気持ちになって分かりやすく気持ちよく伝えることが大事。大人になった場面を想像してください。仕事をしているあなたが『得意な人』で，あなたのお客さんは『助けてほしい人』ではありませんか。」と話している。

「早くやった人が優秀で，全員できないときは遅い人のせい」では，全員がおもしろかったと思える授業にはならない。協力すると楽しい，助けてもらったり感謝されたりするとうれしいということを伝えたいものである。

3 望ましくない活動への対処

さぼりやおしゃべりなどの望ましくない活動は，見て見ぬふりをする。そんなときでも頑張っている生徒が多数いる。これらの生徒を可視化することによって集団を育てていく。

ただし，危険な行為や人権を侵害する行為ははっきり指摘し，すぐに止めさせる。その後，学級全体に向けて，なぜアクティブ・ラーニングで授業をしているのか，再度，学習の目的を語り，望ましい行動は何なのかを考えさせる。

生徒が課題を勘違いしているときは，正しく認識している生徒を探してほめる。勘違いしている生徒には注意しない。生徒に自信が育つ前に主体的な取り組みを否定すると，受動的な取り組みを指向させることになってしまうからである。

■参考資料──解説：アクティブ・ラーニングとしての『学び合い』について

●『学び合い』のベースにある考え方

　『学び合い』（二重括弧の学び合い）は，「一人も見捨てない」という願いをもって生み出された考え方であり授業形態であって，それを具現化する３つの考え方，①学校は多様な人と関わりながら人格の完成を目指す場であるという学校観，②子どもたちは有能であるという子ども観，③授業者の役割は，目標の設定，評価，環境の整備で，教授（子どもから見れば学習）は子どもたちに任せる（子ども集団の能動的な学修による）べきだという授業観に基づいている。

●二重構造のアクティビティ

　『学び合い』を取り入れたアクティブ・ラーニングでは，「課題を達成する」と「全員が達成する」という２つのアクティビティが二重構造（入れ子構造）になっている。内側のアクティビティは学習課題（本時の目標）そのものであり，外側のアクティビティとして生徒集団に全員達成を求めている。そして，目標達成に向かいながらの積極的な協働と試行錯誤を期待している。

　授業展開は，「課題提示部」「学び合い部」「ふり返り部」の３つに分けられる。

●課題提示部

　課題提示部では，内側のアクティビティ（授業の課題＝本時の目標）をストレートに示し，全員が時間内（通常は終業５分前まで）に達成することを求める。全員達成が外側のアクティビティであるが，生徒は内側か外側かを意識することはなく「全員が課題を達成する」という１つのアクティビティと捉えている。このとき，折に触れて，なぜ全員達成なのか，意義を語る。ここまで５分程度以内が理想的である。

●学び合い部

　次に「さあ，どうぞ」と声をかけ，学び合い部に入る。ここでの生徒の自由度は大きく，課題に規定される以外は自由に達成方法を選んでよい。一般的に教師の決めたグループや班はなく，立ち歩きや生徒どうしの情報交換は奨励され，一方で一人で課題に取り組むのも自由である。つまり，時間内に全員が課題を達成すれば何でもありで，生徒は自分にとって，また，関わる生徒にとって最も効率的だと思うやり方を選ぶ。

　一般的に，本時の目標を個人的に達成した生徒は全員達成に向かう。ここで未達の生徒と関わるが，このとき，ごく自然に本時の目標を再確認し，自らの学びをふり返る。また，未達の生徒も本時の目標と全員達成は意識しており，生徒どうしが関わるたびに教室の各所で本時の目標に対するふり返りが行われる。

●教師の役割

　学び合い部分での教師の主な役割は，環境の整備と活動の評価である。例えば，黒板に生徒のネームプレートを用意し「スタンバイ」「①の課題ができた」エリアなどを設けて個々の進捗を明示することを促したり，望ましい活動，例えば誰かに聞きに行ったり，教えていたりする生徒に注目して，まわりに聞こえるように声かけし（ほめ）たりすることで，学習環境を整えるとともにふり返りの機会を与える。このとき，良いと感じる点をつぶやくようにすることがポイントで，聞きたい生徒には聞こえ，そうでない生徒には聞こえなくて良い。

　生徒への指示やアドバイスは，求められない限りはしない。間違いも，試行錯誤のうちと捉えられる場合は指摘しなくても良く，どうしても指摘したいときは「あれ？そうなのかなあ」などとつぶやくか，正しいグループのそばへ行って「そうだよね！」などとつぶやく。

　制限時間に向かうにつれ，課題をクリアする生徒は指数級数的に増える。1人が1人に教えて分かった生徒が2人となり，2人が1人ずつ教えて4人，4人が8人，8人が…という具合である。よって，1分〜数分の長短がクラス全体の成果に多大な影響を及ぼす。課題提示やふり返りの時間は短くし，学び合いの時間を極力長くとるのが望ましい。

●ふり返り部

　制限時間が来たら，始業時と同じように着席させ，ふり返る。方法は教師が課題を読み返して，できた人に挙手させたり，黒板のネームプレートの位置が正しく動かされているか確認を求めたりすることが多い。確認テストを課す場合もあるが一般的ではない。なぜなら，本時の目標の達成に関わるふり返りは制限時間内に大方済んでいるからである。ふり返りの部分では，どのようにして自分が達成した（しなかった）のか，どのようにしたらあの人（自分）も達成できるのか，全員が達成できるのかと，自らをふり返り，学級集団をふり返り，学級内での自分自身の役割をふり返る。この学びとふり返りは毎時間スパイラルに繰り返され，少しずつ深まっていく。

●課題設定のポイント

　『学び合い』では，課題の精度（目標とアクティビティの設定の仕方）が学びの深まりを左右する。学習のねらいと学習活動を一体化させた課題を提示することを基本として，一般的に，最も早い生徒が15分程度でできる難易度と量に調整しておくとよい。全員達成の喜びは，次の全員達成への原動力となり，さらに難しい課題へのチャレンジを可能にする。最初から難しくする必要はない。

音楽●表現　器楽

アルトリコーダー「シ」の達人への道
苦手な運指を克服するための練習曲をつくろう

中山　由美●お茶の水女子大学附属中学校

単元目標

- 『春』の鑑賞で学習したリトルネッロ形式を使って創作をする。
- つくる活動を通して，バロック式アルトリコーダーの「シ」の運指に慣れ，使いこなせるようになる。
- グループ活動の中で，各自がつくったエピソード部を持ち寄り，組み合わせを工夫しながら曲を完成させていく楽しさを感じ取る。

単元計画 - 2時間

学習過程	時数	おもな学習活動
創作する	①	●『ロング・ロング・アゴー』を演奏し，「シ」の指使いを確認する。 ●教師が提示したテーマを練習する。 ●曲づくりの練習として，モデルリズムに使用する音高を限定して当てはめ，必ず「シ」を使う条件で各自が1曲ずつエピソード部をつくる。 ●リトルネッロ部とエピソード部が交互になる構成で「『シ』の達人への道」の練習曲を創作する。
発表する	②	●グループでリトルネッロ部をつくる。 ●エピソード部の順番を決め，リトルネッロ部（全員演奏）とエピソード部（独奏）が交互になる構成を考えて通奏する。 ●各グループの作品を発表し，コメントし合う。 ●『ロング・ロング・アゴー』を演奏し，「シ」の運指が克服できたかどうか確認する。

単元構成

　リコーダーにはジャーマン式とバロック式がある。小学校ではジャーマン式のソプラノリコーダーを使用しているケースが多いため，中学校でバロック式アルトリコーダーを使用するときに「シ」の運指でつまずくケースが多い。そこで，本題材では，ヴィヴァルディ作曲『春』第1楽章の鑑賞で学習した「リトルネッロ形式」を使って，苦手な運指を克服するためのアルトリコーダー練習曲をつくり，その過程で「シ」の運指に慣れていく。

　本題材では，リトルネッロ形式の全合奏と独奏が交互に現れる特徴と，リトルネッロ部に挟まるエピソード部が異なる特徴を取り上げ，リトルネッロ部の転調がないロンド形式の特徴を合わせた形式を取ることにした。各自でつくったエピソード部をグループで持ち寄り，工夫しながらリトルネッロ部の合奏とエピソード部の独奏をつなぎ合わせて創作する過程を楽しみ，活動を通して「シ」の運指にも慣れていくことが本題材のねらいである。

●本時の概要　＊本時……

【本時目標】
①グループで知恵を出し合いながら協力し，リトルネッロ部とエピソード部の組み合わせを工夫して，アルトリコーダー練習曲を完成させる。
②苦手な運指の演奏に慣れ，楽しくアルトリコーダー演奏に取り組む。
③相互の班の作品を鑑賞し合い，特徴やよさを認め合う。

【準備するもの】
●アルトリコーダー

【活動】
①『春』第1楽章を鑑賞してリトルネッロ形式の特徴を確認する。
②各自がつくったエピソード部をグループで持ち寄り，リトルネッロ部（合奏）－エピソード部1（独奏）－リトルネッロ部（合奏）－エピソード部2（独奏）－リトルネッロ部（合奏）……とつなげて通奏する練習曲のつくり方を確認する。
③グループのリトルネッロ部をつくり，エピソード部とつなげて練習曲を完成させる。
④グループの作品を発表し合い，感想やアドバイスを話し合う。
⑤「シ」が多用されている既習曲『ロング・ロング・アゴー』を演奏し，「シ」の運指の習得状況を確認する。

【活動の由来・参考文献】
●本題材は，ヴィヴァルディ作曲『春』の鑑賞の活動，アルトリコーダーの基礎練習，及び創作の活動を関連させて設定した。
●各自がアイデアを持ち寄り，短時間で創作できるグループ活動を常時活動として位置付けることにより，創作活動に抵抗なく取り組めるようになる。また，グループで創作を完成させる活動は，生徒相互が影響し合ってさまざまなアイデアが生まれるので効果的である。

本時の展開例 🕐 50分

説明（5分）

- 前の時間ではバロック式のアルトリコーダー「シ」の指使いを克服するための練習曲を、リトルネッロ形式を真似た構成でつくりました。
- 今日はさらにグループでオリジナルのリトルネッロ部をつくり、それぞれのエピソード部と組み合わせて練習曲を完成させます。そして、お互いに聴き合って話し合ってみましょう。

＊確認のために共通のリトルネッロ部のメロディと各自がつくったエピソード部を演奏させ、ジャーマン式の運指になっていないか、「シ」の運指の生徒の実態を観察しておく。

活動（40分）

- 前の時間に提示したリトルネッロ部のリズムはそのままにして、各音符に音高を当てはめて、グループごとのオリジナルのリトルネッロ部をつくってください。そのリトルネッロ部にエピソード部を挟んで曲を完成させます。リトルネッロ部も必ず「シ」を1回以上使いましょう。

（リトルネッロ部のリズム）
（エピソード部のリズム）
（使う音高）

＊リトルネッロ部はグループ全員が演奏できるように、難しすぎないメロディにすることを助言する。エピソード部は独奏のため、各自の技量に合わせて、前時に提示したリズム以外のリズム、音高以外を使ったメロディでもよいこととする。

＊自分のアイデアを忘れず、また他者に伝えるために、つくったリトルネッロ部を楽譜や文字譜などに記録させる。

＊まず各自が1つずつリトルネッロ部をつくり、グループ内で聴き合って、メロディラインや難易度を検討して1つのリトルネッロ部に決定する。

- それでは、つくったリトルネッロ部とエピソード部をつなげて1曲にしてください。

＊リトルネッロ部を練習し、全員が演奏できることを確認する。各自がつくったエピソード部が、1回以上苦手な運指の音高を使っているか確認する。

＊各自がつくったエピソード部とリトルネッロ部の組み合わせを話し合い、通奏し、作品を完成させる。

- 各グループの作品を聴き合ってみましょう。

＊互いにグループ作品を聴き合い、感想やアドバイスを話し合う。

ふり返り（5分）

- ここで『ロング・ロング・アゴー』を演奏して、「シ」の運指に慣れたかどうか確認してみましょう。（演奏後）オリジナルの練習曲をつくりながら自然に「シ」に慣れてきましたね。

生徒の変容

本題材を実施後，以下のようなふり返りの記述が見られた。

> ・みんなが気持ちよく吹けるエピソード部をつくることができてよかった。
> ・発表では各班の個性がよく出ていてよかった。
> ・他の人たちの演奏を聴いて，タンギングがみんな上手で見習いたいと思った。
> ・つくるのは少し難しかったけれど，他の班の発表を聴いて勉強になった。
> ・リトルネッロ部とエピソード部を考えれば作曲ができるなんて，思っていたよりも簡単だと思ったし，意外と楽しかった。
> ・他の班の作品は，CMソングやアラビアっぽいメロディなどで，いろいろと面白いエピソード部が聴けて楽しかった。

1 鑑賞と器楽と創作をリンクさせる

　本題材は，鑑賞・器楽・創作の活動を関連付けて設定した題材である。創作は，歌唱・器楽・鑑賞のどの活動からも関連付けられる活動である。創作活動には，各自のアイデアをグループ活動の場面で持ち寄り，話し合い，知恵を出し合う過程でさまざまな学びがある。本題材のように鑑賞活動で得た知識を使い，リトルネッロ部とエピソード部の組み合わせを考えながらグループで協力して創作する活動は，探究する楽しさを感じながら，生徒相互で影響し合い，互いのよさを認め合いながら能動的に取り組むことができる。

2 苦手克服のための練習曲づくり——創作活動に必然性

　アルトリコーダーの運指の技能は，慣れるまでの反復練習によって身につく。既成の楽曲を使って練習する方法も有効だが，本題材では自分で練習曲をつくるという発想を創作の活動の動機にしている。
　使用する音高とリズムを固定し，必ず苦手な運指の音高を1回以上使う，という条件のもとで創作活動を設定することにより，短時間でつくれるだけでなく，その過程において苦手な運指を含む曲を何度も演奏するため，つくりながら苦手な運指の練習をしていることになる。自分たちでつくった練習曲で楽しみながら技能が身につく活動である。

3 グループ活動で気軽に楽しく創作ができることを実感

　音楽における創作は難しく考えられがちだが，他の作品の楽曲構成やテンポ，使用している音，リズムなどを参考にして取り組むと，簡単にできる活動である。導入では教師が提示したリトルネッロ部をもとにつくり始めたが，活動を進めていくうちに，自分たちのオリジナルリトルネッロ部をつくったり，エピソード部のリズムや使用する音の種類を増やしたり，合奏の仕方を工夫したりというような活動のバリエーションが見られた。グループ活動だからこそさまざまなアイデアを出し合いながら楽しく学習できる。

関係する資質・能力▶▶ 問題解決力 思考力 表現力 コミュニケーション力 自己養蚕力

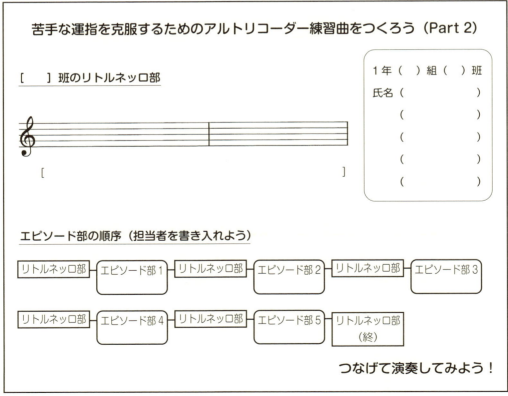

保健体育●陸上競技　長距離走

グループ解析！1000m走の見える化計画

塚田　直樹●太田市立九合小学校

単元目標

● ペース配分を意識することで記録向上を目指し，競走を楽しみながら長い距離（1000m〜2000m）を走り通すことができる。
● グループでの記録測定や結果のデータ処理を通じた協同作業において，「ラップタイム」「先行型・一定（平均）型・後半型」「ペース配分」「ピッチ」「ストライド」などの学習用語を理解し，効率のよい走り方について考えることができる。

単元計画 - 5時間

学習過程	時数	おもな学習活動
説明	①	●オリエンテーション（学習計画の説明，グループづくり） ●自分に合った走り方と練習の目当てを見つけていく。 ●1000m走計測①（1周200mごとのラップタイム記録）
活動	②	●結果の考察（ラップ・平均タイム算出，グラフ化） ●全体練習（ペース走，呼吸，歩幅等の確認）
活動	③	●1000m走計測②（記録アップに挑戦） ●結果の考察（グラフ化，前回及び友達との比較）
活動	④	●練習メニュー作成（グループ間の情報交流・再編可） ●入れ替えペース走（例「50秒ペースで3〜5周に挑戦」）
振り返り	⑤	●1000〜1600m走計測（走る距離を±200mごとに選択） ●結果の考察（グラフ化，授業評価・感想交流）

関係する資質・能力▶▶▶　問題解決力　思考力　表現力　コミュニケーション力　自己省察力

単元構成

　中学の陸上競技で学ぶ「長距離走」では，自分に合ったペースで長く走り通すことが技能面での目標課題となる。その学習過程で，各自の体力に合わせた「ペース配分」を客観的なデータで確認できれば，感覚や勘に頼りがちな学習から脱却を図ることができる。これにより，「走らされる」受動的で競争的な体育授業から，「走り方について学ぶ」能動的で知的な授業に，授業スタイルを転換できるものと思われる。

　まず，オリエンテーションで「1000m走の見える化計画」と称した学習カリキュラムを提示する。1000m走を計測し，そのデータをグラフに表し，ペア及び4人組で比較し合う。計測結果の分析・比較データに基づいて，自分に適したペース配分についての見通しを立て，練習や次の計測に役立てていく。最後に，単元の全体を振り返り，自己評価する。

単元の展開例 🕐 250分

説明（15分）
- 今回の学習は、「1000m走の見える化計画」です。自分たちの走り方をグラフにして、そこから見えてくることを共有し、走り方の学習に役立てていこう！

＊友達と速さを競う学習をしていくのではなく、自分や友達の「走り方」を比較し合うことで、長い距離を走り通すための自分に適したペースを見つけていく学習を展開していくことを説明する。
＊学習カードを利用し、授業の進め方について確認する。

活動（215分）

記録の計測
- ペア（グループ）を作り、前・後半で交代して1000mを走ります。
- ペア（グループ）の友達同士で、お互いにトラック1周（200m）ごとの通過タイムを記録します。

＊夢中で走っていると周回がわからなくなるため、計測するペアの友達が周回数を伝えてあげるように促す。はっきりと大きな声で伝えてあげることが、友達がペースを保つためにもとても重要なことを確認する。
＊〈記録の計測〉→〈結果の考察〉→〈練習〉→〈記録の計測〉→……というサイクルで行う。
＊2回目の計測では、前回の記録とのタイム差より、自分の「走り方」について、「ペース配分」の予想と結果についても、気付いたことを書き留めさせる。
＊最後（3回目）の計測は、目標とする1周ペースを65秒、60秒、……、40秒と5秒刻みで変えた中から選択して自己申告させる。距離についても1000m、1200m、……、1600mと周回刻みで選択し、記録を測定し合う。

結果の考察
- 通過タイムからトラック1周ごとのラップタイムを算出し、自分の走り方（ペース配分）を折れ線グラフに表しましょう。また、トラック1周あたりの平均タイムも算出しましょう。
- さらに、ペアの友達のラップタイムも書き込み、自分のグラフと比較してみましょう。
- 記録を縮めるための作戦を考えましょう。

測定！（友達に計ってもらおう！）　　　＊測定日＝　　月　　日（　）

距離	通過タイム	ラップタイム	距離	通過タイム	ラップタイム
200m	分　　秒	＝　　秒	400m	分　　秒（　　秒）	400m-200m　　秒
600m	分　　秒（　　秒）	600m-400m　　秒	800m	分　　秒（　　秒）	800m-600m　　秒
1000m	分　　秒（　　秒）	1000m-800m　　秒	＜予想タイム＞　　分　　秒　＊実測との違い±[　　　秒]		

＊自分のグラフが完成すると，自然に友達のグラフが気になってくる。重ね合わせて表記することで，各自の「走り方」の違い（共通点も）が見えてくる。

＊グラフから，自分とペアの友達の走り方が，「前半型」「平均（一定）型」「後半型」のどれに当てはまるかを確認し，次の測定で記録アップを目指すための作戦を考える。

＊作戦づくりでは，まずは自分の意見（自分は「○○型」で走ろう）をもつように促す。そうすると，友達の作戦が気になり，自然と意見交流が活発になる。

グラフに表そう！（力を合わせて完成させよう！）

＊グラフに友達の名前や気付きを書き込んでOK！

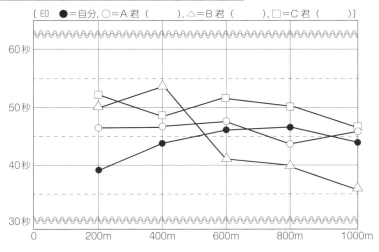

僕の場合，前半押さえて後半に追い込む方がいいのかな？

そうだね。中盤でタイムが落ちこまないようにすることも大事だよね。

練習　●練習はみんなで楽しく，計測は真剣に取り組もう。

＊次回の計測に向けて，「平均タイム」や「ペース配分」について予想してから練習に取り組ませる。

＊「1周を55秒ペースで6周」といった練習課題をグループごと（再編可）に設定し，入れ替え走などの手法も使い，楽しみながら練習する。
＊練習は全力ではなく，リラックスして取り組ませる。そうすることでメリハリが付き，計測時に心地よい緊張感が生まれる。
＊8割程度の力で余力を残して，友達と楽しみながらなるべく長めの距離に挑戦することを課題とさせたい。

ふり返り（20分） ●学習のまとめを記入しましょう。友達との「学び合い」についての感想も書きましょう。

＊最後の計測における予想と結果を交流する。
＊数字を書き込むと学んだことが具体的になることを伝える。自分や友達の走り方の「型」に触れさせ，自分の走り方を見つめる学習の視点とさせる。
＊授業評価をさせ，「学習の充実度」について確認する。

友達の走り方と比較して気付いたこと	学習の充実度
今回は「一定ペース型」で走るようにしたが，前より2秒遅くなったし，ラップタイムの差も6秒から8秒になってしまった。 　A君は差が4秒で，一定のペースだった。C君も差が7秒で，だいぶ一定のペースだった。B君は超後半型だった。差は17秒だった。前回のも見ると，自分はグラフが山なりになるのがわかった。つまり，最初と最後を速く走っているとわかった。	＊運動量　〔A・B・C〕 ＊協力性　〔A・B・C〕 ＊向上感　〔A・B・C〕 ＊理解度　〔A・B・C〕
	学び合い（ペア学習）の感想
	前回と今回で，色々な友達の走り方と自分の走り方が比べられて，自分の特徴がわかった。

【準備するもの】
●ストップウォッチ　●学習シート（ファイル）　●電子計算機　●アナログ式スポーツタイマー（移動式）

【活動の由来・参考文献】
●ペース走は長距離走の定番教材だが，学校体育研究同志会による豊富な実践研究の蓄積がある。
●研究紀要第95号『小・中学校における「アクティブ・ラーニング」の現状と今後の課題』教育調査研究所（2015年7月）

生徒の変容

1 体験を通して，自分の学びを振り返る力がつく

　体育では，生徒が様々な運動体験を行い，そのことを通して学ぶのであるが，ともすると運動自体を楽しむのみで終わってしまう「活動あって指導なし」の授

業に偏りがちある。「効率のよい動き」について学んでいく方法を知らせれば，生徒は自分たちでその方法を活用することができる。

単元末のふり返りで，「学習の充実度」を「①運動量，②協力性，③向上感，④理解度」の4項目とし，A・B・Cの3段階で生徒に自己評価させたところ，「A」は順に①82％，②90％，③75％，④86％となった。当初，「長距離走の学習は好きですか？」の3択回答に対して，「（どちらかというと）好き」が約30％と少なかったことからすると，多くの生徒が意欲を持続して今回の学習に取り組むことができていたと考えられる。

2 実体験とデータを関連付けて読み解く力が育つ

「前回は前半型だったので，今回は一定（平均）型に挑戦します。理由は，前回は最初速くて最後にかなり遅くなってしまう走りになっていたので，ある程度ペースを維持できれば，この後半のタイムの落ち込みが小さくなると考えるからです」といった予想を，ほとんどの生徒が立てることができた。また，「後半型で走ろうと予想したけど，（結果を）グラフに表したらそれほど大きな変化はなく，ラップタイムの差が4秒だけだったので，結果的に一定（平均）型になり，目標タイムより－6秒とスピードも上げることができた」と自分の走り方についても分析をすることができていた。

さらに，「今回は一番早いS君と（自分は）最大で10秒以上の差があったので，一定ペースをもう少し速くするようにしたい。S君，M君，A君は最後の周の追い込みの差が3～7秒あったのに，僕は変化がなかったから追い込みを付けられるように練習に取り組みたい」などと，自分の走り方をグループ内の友達の走り方と比較して，次にどのような走り方を目指すべきかというめあてをもつことができた生徒が3割程度いた。

3 交流を通してコミュニケーションや気付く力が育つ

事後アンケートでは，「協力性」の項目で，「友達と一緒にやるのは楽しい」という素朴な感想だけでなく，「パートナーのI君が『あと3周だよ』などと声かけしてくれたのが嬉しかった。タイムもしっかり記録してくれ，表もきちんと書くことができたので，次も信頼できる友達とペアを組みたい」，「ペアの人が自分が走っているときに『がんばって，あと○周』と応援してくれるので，頑張れた。逆に自分も応援してあげた」と，友達からの声かけに対する感謝の気持ちを書いた生徒が多くいた。また，「理解度」の項目では，「記録をグラフにして比較し合うと，自分がみんなより速いのか遅いのかがわかり，次に自分がどう走ればいいのかもわかりやすい」，「前回と今回で，いろいろな友達の走り方と自分の走り方が比べられて，自分の特徴がわかった」，「自分の走りと友達の走りを比べることができて，とてもよい学習になった」と，学習が充実していたことを示す感想が多くあった。

美術●鑑賞　感覚的・分析的アプローチによる鑑賞

絵画の謎にせまる「ネーデルランドの諺（ことわざ）」を読み解く

小泉　薫●お茶の水女子大学附属中学校

単元目標

- 鑑賞の活動を通して絵画表現の多様性について理解し，造形的な感覚や判断力，造形的言語を身につけ，体験的に造形美術に関わることができる。
- 作品を読み解き，自分の考えたことを他者に伝える活動を通してイメージを言語化することができる。
- 考えたことを発表し合い，他者の多視点的な見方や考え方，感じ方に気づき，より深く作品を鑑賞することができる。

単元計画 - 2時間

学習過程	時数	おもな学習活動
感覚的鑑賞 （直感的思考）	①	●感覚的鑑賞や分析的鑑賞について知る。 ●美術資料を鑑賞し表現の違いについて考える。自分の好きな作品について理由などを発表し合う。 ●ブリューゲルの参考作品を鑑賞し，表現の特徴について感じたことや考えたことを発表し合う。
分析的鑑賞 （論理的思考）	②	●「ネーデルランドの諺」について感覚的鑑賞と分析的鑑賞を行う。 ●画中の人々の様子から想像力を働かせてふさわしい「諺」「格言」を考え，グループで話し合う。
発表		●各グループが発表し，質問や疑問点など意見交換をする。
まとめ		●作品に込めた作者の心情や意図，表現の工夫など，自分の思いや考えをまとめる。 ●本作品の第一印象と，分析的に鑑賞した後での印象の違いについて考え，鑑賞カードに記述する。

単元構成

　絵画作品を分析的アプローチの手法で鑑賞することは，課題を追究・探究し，解決していくという問題解決の学習の流れに沿ったものである。作品から受ける直感的な印象を感じ取り，言語化していく感覚的アプローチの手法だけでなく，細部にわたって深く鑑賞する分析的アプローチの手法によって，生徒は造形的なよさや美しさなどの美的感覚を働かせるようになる。さらに生徒が対象のイメージや作者の心情や意図と表現の効果や工夫を感じ取ることにより，知的レベルの高い学習活動や知的好奇心を刺激した探究する楽しさを味わう授業が期待できる。鑑賞の学習を通して生徒が価値意識をもって発表し合うことで，共通点や差異に気づき，新たな発見から導かれる認知活動によって創造的思考力が刺激され，創造的活動へ結びつけていけるようにする。

●本時の概要　　＊本時……①

【本時目標】
「ネーデルランドの諺」を分析的な手法から鑑賞（論理的思考）し，図版の中の人々の様子から想像力を働かせて，場面にふさわしい「諺」や「格言」を考え，発表できるように話し合う。

【活動】
①図版を直感的な手法から鑑賞する（鑑賞シートへ記入）。
②図版を分析的な手法から鑑賞する（鑑賞シートへ記入）。
③想像力を働かせて図版を読み解き，「諺」や「格言」を考え，グループの中で発表する。
④それぞれの発表をグループで検討し，代表作を決めて全体に発表する。
⑤学習のまとめとして，作者の心情や意図，表現の工夫など自分の思いや考えをまとめ，作品の見方や考え方がどのように変化したかを知る。

【活動の由来・参考文献】
●本単元は，森洋子著『ブリューゲルの諺の世界─民衆文化を語る』（白鳳社）のブリューゲルの絵画作品の読み解き方を参考にして授業実践化したものである。
●参考図版　ピーテル・ブリューゲル作品
　①『ネーデルランドの諺』（The Netherlandish Proverbs）1559年　117×163cm　油彩，板　ベルリン国立美術館
　②『子供の遊戯』（Children's Games）1560年頃　118×161cm　油彩，板　ウィーン美術史美術館
　③『雪中の狩人』（The Hunters in the Snow）1565年　117×162cm　Oil on panel　ウィーン美術史美術館

本時の展開例 🕐 50分

説明（15分）

- ●作品を鑑賞するということは，人間が創作した芸術作品を理解し，味わい楽しむことです。そこには自分自身の価値判断が含まれます。
- ●作品を理解し，味わい，評価するには，作品から受ける印象など感じたことを感覚的・直感的に捉える「感覚的形式」による鑑賞方法と，知的理解や色や形，構図等のように造形言語によって「表現内容」を分析的に鑑賞する方法があります。
- ●今日は，この作品を分析的なアプローチから鑑賞してみましょう。
- ●【設問例】「人間は何人いますか？」「人間以外に描かれているものは何でしょうか？」「みんな何をしているのでしょうか？」など。

＊分析的なアプローチから鑑賞したことを，鑑賞ワークシートへ記録させる。
＊グループ（4名）に分かれるよう指示し，【設問例】の答えや分析的に鑑賞して感じ取ったこと，作品を分析的に読み取る楽しさなど，鑑賞したことの共通性や相違点などを理解させる。

活動（25分）

- ●この作品のタイトルは何でしょうか。皆さんならどんなタイトルをつけますか。
- ●また，画面の中の人たちの様子（参考資料の番号）から想像力を働かせて，その場面にふさわしい諺や格言を考えてみましょう。

＊この作品のタイトルが「ネーデルランドの諺」であることや，描かれた背景を説明する。諺や格言とは何かを説明し，この図版をもとに新しい諺や格言を考え，つくり出すことによって，これまでになかった絵画鑑賞の楽しみ方があることを伝える。
＊画面の中の人々の様子や場面の中で，特徴的なものを例に取り上げて，諺や格言の意味について考えさせる。机間巡視の中で生徒の記述を確認しながら，生徒がどの場面を取り上げて諺や格言に表現していけばいいのか，焦点化して考えられるように助言する（「この人たちは何をしているの？」「どんな諺や格言に結びつく？」など）。

- ●考えた諺や格言についてグループの中で発表し合い，代表作を決めましょう。
- ●代表作を決めるときは，今まである諺や格言ではなく，新しい視点や見方で捉えているものを選びましょう。それをみんなでより完成度の高い諺に完成させましょう。

＊グループの発表は，その諺の原案を考えた生徒が行う。
＊グループで取り上げた場面を，スクリーンに映った図版で示しながら発表させる。
＊各グループの発表について質問や疑問点，感想などを発表し合い，意見交換させる。発言に対しては発表者の考えを尊重し肯定的に捉えることを基本に，違う考えを持っている生徒の考えも取り上げながら，意見交換が活発になるように進める。
＊各グループの発表を聞いて，感じたこと気づいたことをワークシートに記入させる。

ふり返り（10分）

- ●ブリューゲルはなぜこのような作品を描いたのでしょうか？ 作品に込めた心情や意図，表現の工夫など，自分の考えをまとめましょう。
- ●この作品を見たときの第一印象と，分析的に鑑賞した後での作品に対しての印象の違いについて考えて，ワークシートに書いてみましょう。

生徒の変容

1 感覚的・分析的アプローチによる鑑賞の違いを知る

　分析的アプローチによる鑑賞後のワークシートには「作品を第一印象で見ただけではわからなかったが，分析的に見るとそれまで気がつかなかったことが見えてきて楽しかった。」「はじめはごちゃごちゃしている絵で，何が描かれているのかがよくわからなかったけど，見る視点を決めたことで色々なものが見えてきた。」などの記述が多かった。生徒の漠然とした感覚的な見方や好き嫌いといった感情的な思いが優先される鑑賞から，教師が意図的に課題（諺づくり）に沿った言葉がけをすることによって，作品を分析的に捉え，課題を追究・探究し，解決していくといった問題解決の学習の流れにそって進めていくことができた。作品を深く見て読み取ったことを論理的に判断していくことや，作品を読み解いていくことの楽しさを感じと取っている様子が伝わってくる。

2 話し合いから見方や感じ方を広げ，豊かにする

　「みんな僕とは全く違う視点を探していて，面白い諺を考えていた。自分にとってありえない視点で見ることで，また新しいものが見えてくることがわかりました。」「同じ場面を諺にしているのに，全く違う諺を考えていて面白い。参考になった。」「諺の意味を友達に理解してもらうためには，どのように説明すれば良いのか苦労した。」などの感想のように，自分には考えつかなかった発想や友達の気づきや考えに対して，驚きをもって受け止めている生徒の様子が多く見かけられた。また，自分の考えを他者に理解してもらうためには説得力のある言葉で説明する必要があると感じた生徒も多く，言葉の力によって学習が深まっていくことが実感できたようである。

3 3年間の成長を見通した鑑賞学習カリキュラムの重要性

　「絵の中には色々な作者のメッセージが込められていて，この絵は時代背景なども含めて考えられていて，とても深い意味のある作者に考えられた絵だと思った。」「絵を見た時，スゴイ！キレイ！だけでなく様々な面から絵を読み取っていきたいと思った。」などの感想を踏まえると，鑑賞学習では感覚的アプローチか分析的アプローチどちらかの鑑賞方法に偏ることなく，相互に関連付けながらスパイラルに学習していくことが望ましい。本単元では分析的なアプローチの手法を用いてはいるが，作品に親しみ楽しむことが中心課題となる鑑賞学習である。作者の心情や意図，表現の工夫など，作品に込められた作者の思いにかかわる部分の鑑賞については，また別の方法からのアプローチが必要となる。鑑賞学習には必ずしも正解があるわけではないので，根拠を持って作品を読み取り，説得力のある言葉で他者に伝えていく力を身につけていく必要がある。また，鑑賞活動が表現活動と関連し相互に影響し合える学習内容を考え，3年間の鑑賞学習カリキュラムを作成することが大切である。

ピーテル・ブリューゲルの「ネーデルランドの諺（ことわざ）」を読み解く

新しい諺・格言を考えよう

年　　組（　　）

《ネーデルランドの諺》内容詳細図

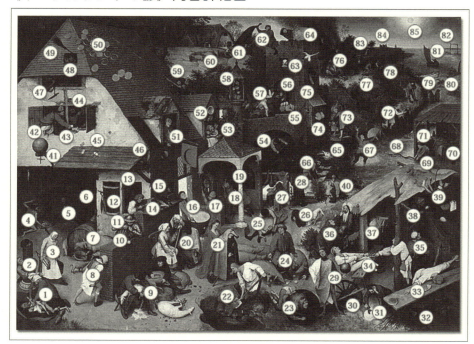

参考：ブリューゲルの諺の世界―民衆文化を語る　森洋子著（白凰社）

◆課題①：

　あなたが思いついた諺・格言は，どの部分でしょうか？　上の図版を○で囲ってみましょう。
　また，その部分の番号を書いて，どのような諺・格言か，どのような意味なのかを書きましょう。

（1）1つ目の諺・格言　　番号（　　　　　　　　　　）

　［諺・格言］

　［意味］

（2）2つ目の諺・格言　　番号（　　　　　　　　　）

　　　［諺・格言］

　　　［意味］

◆課題②：グループ内で，自分の考えた諺・格言を発表し合いましょう。

◆課題③：友達の発表を聞いて，一番説得力のある人の諺・格言を選び，グループの代表者を決めましょう。

　　　　代表者：（　　　　　　　　　）さんが発表

◆課題④：他のグループの発表を聞いて，質問・感想などを書きましょう。

◆課題⑤：この作品を鑑賞して，はじめの「第一印象」の時と，分析的に鑑賞した後でのこの作品に対しての印象の違いについて考えてみましょう。

技術・家庭●家庭分野　食生活と自立〜調理の基礎及び探究活動〜

失敗しない「薄焼き卵」作り 究極の工夫点は何？

栗原恵美子●お茶の水女子大学附属中学校

単元目標

- ●主体的に知恵を出し合って，よりよい調理手順や，一番の決め手を考え，薄焼き卵を作ることができるようになる。
- ●対話を中心に協働してよい調理法を科学的に考え，他の調理にも応用が利くポイントを考える。
- ●余熱調理を知り，サスティナブルライフへの意識を育む。

単元計画 - 4時間

学習過程	時数	おもな学習活動
・課題の提示 ・課題解決方法を考える	①	●薄焼き卵作りの調理について，どこが難しいかを述べ合い，調べてきた内容をもとに，どうしたら薄焼き卵作りが上手くいくか，ポイントは何か，作り方の手順を何パターンか考える。
・調理実験実習を通して探究活動 ・探究活動をまとめる	② ③	●前時に考えた薄焼き卵の作り方を，調理室でいくつか試し，グループごとに探究する。 ●計時係や写真撮影等記録係を決め，実験実習を記録する。 ●発表会に向け，パソコンとプレゼンテーションソフトを使用してスライドを5枚程度作成する。
・発表会 ・課題の解決を確認	④	●各班での実験実習結果を持ち寄り，失敗しない薄焼き卵作りを発表する。 ●ポイントを踏まえて，実際に教師が薄焼き卵作りのデモ実験を行う。 ●押さえたポイントを，調理全般に活かす例を挙げる。

単元構成

　本単元では，グループごとに既習事項をもとに知恵を出し合い，明確な目標に向けて協働することの大切さを学べる。また，課題発見から始め，よりよい解決方法をエビデンスを踏まえて考えることで思考力が深まる。発表の場面では，実験内容の紹介を通して相手にわかりやすく，映像を見せるなどして工夫する力や発表力がつく。

　最後に，余熱利用を知り，応用の利く調理の基礎がわかるだけでなく，サスティナブルライフへの意識が高まる。

●本時の概要　＊本時……①②③❹

【本時目標】
薄焼き卵の作り方を各グループで発表し，失敗しない薄焼き卵の作り方や調理の基礎やサスティナブルライフなどについて考え，実践意欲を高める。

【活動】
①司会進行役の生徒が，グループごとに探究した薄焼き卵作りのプレゼンを進める。
②ワークシートに薄焼き卵作りのポイントをまとめ，そこから応用の利く調理の基礎をマークし，情報を共有する。
③皆の意見を取り入れ，かつ余熱調理を利用した失敗しない薄焼き卵作りのデモ実験を教師が行い，その様子を皆で共有する。
④ワークシートにデモ実験から知ったことや考えたことを記入する。
⑤家庭での実践課題を知り，実践意欲を高める。

【活動の由来・参考文献】
●子どもたちの将来と現在の幸せを願うと，心身ともに「健康」であることが必要不可欠であろう。「健康」教育を考えたとき，食生活の自立を促す教育は大切であり，楽しく調理ができることから食生活の自立は始まると考える。そこで今回，アクティブ・ラーニングを意識して授業を展開した。
①探究活動として個人の情報収集やグループでの実験実習，またディスカッション，発表等の参考とした文墳は以下の通り。
・中間美砂子編著『家庭科への参加型アクション志向学習の導入』（大修館書店）
・日本家庭科教育学会編『家庭科で育つ子どもたちの力』（明治図書）
・牧野カツコ編著『作る手が子どもたちを輝かす』（地域教材社）
②余熱調理等，より専門的な知識は以下の文献を参考にした。
・佐藤秀美著『おいしさをつくる「熱」の科学』（柴田書店）
・香西みどり著『加熱調理のシミュレーション』（光生館）

本時の展開例 🕐 50分

説明（5分）

●前回は実験実習で安全に楽しく協力しながら探究活動ができたことでしょう。今日はその内容をグループごとにプレゼンし，このクラスで一押しの「失敗しない薄焼き卵作り」の究極のポイント・工夫を見つけましょう。

＊配布済みのプレゼンポイントペーパーを出すように指示し，本時のワークシートを配布する。
＊事前に決めておいた司会進行役・計時役（鈴を鳴らす）の生徒を前に出す。

活動（30分）

●これからグループごとにプレゼンを始めます。時間は1グループ3分です。2分半経過で鈴を1回，3分経過で2回鳴らします。

＊事前に司会役の生徒には，テンポよく，かつ全体をみて無理なく進めるよう伝える。
＊司会進行役の生徒へ事前に指導することがら
　・立ち位置
　・質問が出ない場合，より発表内容が深まるような質問をすること
　・タイムキーパーとして，時間オーバーには言葉かけすること

＊次の発表グループは横に並び，出入りにタイムロスが生まれないよう指示を出す。
＊プレゼンで意識することがら
　・立ち位置
　・声の大きさ，話すスピード
　・間のとり方，視線
＊発表を聞きながらワークシートに記入することになるが，しっかり聞くこと，ワークシートへの記入はメモ程度でよい，と促す。

●いずれも興味深い発表でした。では，皆さんの意見を総合して，またちょっとプロのテクニックを交えて，失敗しない薄焼き卵作りの例の1つを先生がやってみましょう。見える位置に来てください。

＊師範台の周りに生徒を集めて，実際に教師が生徒とやりとりしながら薄焼き卵を作ってみる。
＊水とき片栗粉を入れたり，茶こしでこしたり，砂糖を入れて黄色を鮮やかにしたり，さまざまな工夫があって，正解は1つではないことを強調する。
＊失敗しない薄焼き卵作りの究極の工夫をワークシートに書き留めさせる。

ふり返り（15分）

● 今日の実験全体をふり返り，以下についてワークシートにまとめましょう。
　① 課題（薄焼き卵がうまく作れない）の解決ができたか？
　② 調理の基礎（フライパンで焼く）についてポイントは？

＊必ず火加減について押さえさせる。

● 調理の基礎として，他の調理に応用できることを考えてワークシートに記入しましょう。

（記入例）
＊油はフライパンの状況や料理内容等に応じて，相応しい分量を使う。
＊フライパンが温まっているか確認をして食材を入れる。
＊液量は少なく，薄焼き卵に穴が空きそうになったら，前後左右にフライパンを揺らす。クレープ作り等で応用可能。
＊たんぱく質は加熱すると縮むので，焼き肉やハンバーグなど，予め少し大きめに。
＊薄焼き卵などは水分量が多いと裏返ししづらい。余熱加熱して水分量が抜け，乾いたくらいが裏返しには楽である。ハンバーグなどは下の面がしっかり加熱され，固まってから裏返しにする。
＊特殊加工のフライパンは，洗うときなど，傷つけないようにやわらかいスポンジで洗う。
＊水とき片栗粉は，水と片栗粉が1：1くらいの量。
＊砂糖は卵の黄色を鮮やかにするが，焦げやすくなる。

● 余熱を利用した調理に関して，他に考えられることや知っていることを記入しましょう。

（記入例）
＊火を消して，味を含ませる。昔の人は，煮物の鍋の火を付けたり消したり。
＊保温鍋で料理を作る（毛布などを使っての手作りの保温鍋）。

● 家で必ず薄焼き卵を使った料理を1品作りましょう。何を作るか考えてワークシートに記入しましょう。また，周りの友達に何を作るのかも聞いてみましょう。

（例）冷やし中華，ちらし寿司，茶巾寿司，オムライス

〈薄焼き卵の基本的な作り方〉
「フライパンを温める。→げんこつにした手と，1滴垂らした卵液のジュッという音で温度確認→底面に薄く広がる程度の卵液を入れ，柄を持ってぐるりとフライパンを傾け，底面に広げ，貼り付けるように周囲を焼く。→フライパンをコンロに置き，約10秒弱火で熱し，消火。→放置後約1分経ったら，よく固まり乾燥しているのを確認し，菜箸や水で濡らした指で薄焼き卵を剥がして裏返す。→約5秒弱火で加熱してできあがり。」

生徒の変容

1 共通する明確な目標があるので，協力性が高まる

生徒のほとんどは，「おいしいものを食べたい，自分の手で作りたい」と考える。それは共通している明確な目標であるので，自然と協力性が高まり，コミュニケーション力も伸びてくる。

2 達成しやすい目標によって探究意欲が持続し技が定着する

ハードルが高すぎる目標では，途中で生徒の探究意欲が下がってくることもある。しかし，今回は短時間で実験結果を得ることができ，目標も達成できる。生徒は試行錯誤をしながら，授業時間内に満足感をもって探究することができる。そのほかの題材として，きんぴらごぼう，肉野菜炒めなどでもよい。

3 応用でき，生徒の実際の生活力が育つ

今回の探究結果は，さまざまな調理へ応用することができる。適切な火加減と余熱利用について学んだことで，創意工夫をしてサスティナブルライフを送ることを楽しみ，考える力が身につく。

4 次の課題を得て，さらに探究する姿勢が身につく

授業で終わりではなく，家庭において，①復習しながら，②家族のために，③アレンジを楽しみながら創作料理に挑む意欲が高まる。そして一生を通しての探究活動は，「生きる力」につながるところを確認する。

5 家族から感謝され，自己肯定感が上がる

家庭で薄焼き卵作りに取り組むと，家族から感謝される。家族に世話をして貰うだけの立場でなく，積極的に家族に貢献できるようになることで，子どもは成長するのであろう。そして自己肯定感が高まり，自己実現への意欲も増す。

〈生徒のふり返りから〉
○調理実習で学んだことは，「ちょっとした工夫が大事」ということだ。それは調理，家庭科に限らず，場合によってはこれからの人生に関わっていくのではないかと考えた。その「ちょっとした工夫」を面倒くさがらずにやっていけたらいいなと思う。
○実際に体を動かして，手と頭の両方でインプットされていくのが調理実習のいいところだと実感しました。また，班のメンバーと一緒に取り組んでいくことで，もっと調理を手早くできるコツを見つけることができたり，何よりも楽しんで調理することで料理に対して苦手意識を覚えず楽しいものだと認識できるのも，調理実習ならではだと感じました。
○卵を茶こしでこして焼いたのですが，はしで切ったときとはきめのこまやかさが全然ちがい，食べたときの舌ざわりも全然ちがって料理って奥深いなーと思いました。

◆プレゼンポイントペーパー（生徒の記入例）
100％成功する薄焼き卵作り　究極の工夫点を見いだせ！

年　組（　　）

1. 薄焼き卵作りのどこが難しいか？　問題点を挙げてみよう
   ・こげ目がつかない適当な火加減と加熱時間
   ・うすくする
   ・やぶけないようにする

2. 個人メモ（調べてきた内容のポイントを書こう）
   ・火加減が弱すぎると破けやすくなる
   ・特殊加工のフライパンなら、油をしかなくてもはがせる
   ・牛乳を加えてかさを増す

3. 班で実施メモ（100％成功する薄焼き卵の作り方を探究）
   ・水で溶いた片栗粉を入れることで破れにくくできた
   ・はしを開いてすばやく動かし、白身を切った
   ・余熱で焼く時間に気を付けた

4. これで、完璧な薄焼き卵作り！（調理室でやってみたら…）
   ①始めのフライパンの状態　②火加減　③油の使い方　④卵液を入れるタイミング　⑤加熱時間　⑥終わりの状態　など
   ①こぶしをかざして温まったかを確認
   ②④卵液を少したらしてジュッと音がする程度（弱火～中火）
   ③適量をフライパン全体に
   ⑤表30秒、火を止めて余熱、裏も30秒
   ⑥こげ目をチェックしてうら返す

◆発表会用ワークシート（本時用）
100％成功する薄焼き卵作り　究極の工夫点を見いだせ！

年　組（　　）

1. 各グループ発表から、調理の工夫点をメモしよう

2. では、デモを見て、ポイントをメモしよう

3. はじめに考えていた、「薄焼き卵作りの難しさ」は解決できましたか？

4. さて、他の料理にも利用できるポイントは？　いわゆる、「調理の基礎」

5. そろそろ、エコの視点で…。余熱利用について、知っていることは？

6. 家庭での課題（長期休みに、実践カードに記入しましょう）
   ①家で薄焼き卵を一人で作ってみよう。失敗がなくなるまで……。
   ②薄焼き卵を使って料理を1品作ってみよう。

4技能を活用したアクティブ・ラーニング型授業

柴崎　明●神奈川県私立中高一貫校

　本稿では聞く，話す，読む，書くの4技能を活用し，言語活動を充実させることによる英語科でのアクティブ・ラーニング型授業の設計と実践について考えてみたい。

　筆者の授業では個人よりもペアやグループで活動をして，目的が達成される喜びや他者に貢献することによる喜びを学習のモチベーションにしている。そのため，今回紹介するものはグループワークが多くなる。以下のような活動を日常の授業の中で行うことで，アクティブに動くことのできるようになった生徒たちは，さらにアクティブな学習段階へと引き上げることができる。

1 アクティブに聞く

　読みスピードの速いCDを遅いスピードへと段階を経て生徒を導くことで，生徒があきらめずに英語を聞き取る喜びを味わうことができる。

　筆者は授業を2時間単位で考え構成している。1時間目は新出文法の指導（アクティブに聞くためのinput）に当て，2時間目は前時に学んだ文法を使った会話文を扱う。この2時間目の時間の冒頭で，ターゲット文法を含んだ文を空欄にし，そこをディクテーション（聞き取った英文の書き取り）させる活動をしている。

　そこで，再生速度を調整できるスマートフォンアプリを使う（例えば，Audipoというアプリは倍速再生ができ，たとえどんなに速く，または遅くしても話者の音程が下がったり上がったりしないすぐれものである）。どのような学習者でも，0.5倍速で聞くことで細部までわかり，「あ！　聞こえた！」と喜びの声があがる。英語を聞こうとする態度をアプリという補助を使いながら，友人と協力してテキストの空欄を埋める活動は，とてもアクティブな活動となる。

2 アクティブに話す

　毎回の英語の授業前に，3文で話をさせるThree sentences talkという活動をしている。毎時間，日直のような係を2名決め，その生徒たちが好きなことを話す活動である。3文だけなので時間も短く，生徒たちも楽しみながら参加している。レベルを高くするために，3文を5文にしたり，30秒間話し続けさせるなどの発展編も考えることができる。

　また，グループワークとして，実用英語技能検定の2次試験の面接をまねた活動もできる。面接官役と被験者役に分かれ，お互いにインタビューさせ合うことで，両方の立場を体験できる。ふだんは体験することのない面接官役をすることで，話し手としての立場だけではな

い，聞き手を意識することで，話す態度を改善することもできる。

3 アクティブに読む

日本語を介した英文の理解の後に，複数の種類の英文を用いながら，飽きさせずに音読をする。model reading（範読），chorus reading（斉読，教師の後に続いての読み），pararell reading（教師と同じ速さでの読み），buzz reading（自分のペースでの読み），individual reading（個人読み）を，段階を追って指導していく。個人レベルで読みが完成した後は，グループでの暗唱活動などへつなげることができる。

4 アクティブに書く

3の音読活動で暗唱した英文を全てリプロダクション（再生）する活動である。とにかく覚えた英文は全て書けるようにすることで，英語の表現が増え，自立した学習者への道が開ける。

また，全ての時制（現在，過去，未来の表現）が指導された後は，英語で日記を書く活動を取り入れることで，英語で書くということに対する抵抗感をなくす試みもできる。

5 グループでのクイズ形式リーディング

以下の長文を読解する授業を仮定する。

> My name is Ann. I'm going to talk about my life in America. I belong to manga club. I love Japanese manga and I am interested in Japanese comic books. I saw a Japanese temple in manga first. The name of the temple is Horyuji temple.

まず新出単語などを確認した後で，5人1グループを作り，リーダーを決める。リーダーは一人で立ち上がり，教師からの英語による質問（※）に英語で答えられたら座ることができる。その後，解答権が時計回りで順に別のグループに移っていく，という形式のリーディングである。

※例えば以下のような英語の質問が想定される。（　　）内は生徒の解答例。
We are going to read about a girl. What's her name? (Her name is Ann.)

■ 編者紹介

上條晴夫　かみじょう・はるお

東北福祉大学教授。1957年山梨県生まれ。山梨大学教育学部を卒業後，小学校教師，児童ノンフィクション作家を経て，教育ライターとなる。現在，お笑い教師同盟代表，特定非営利活動法人「全国教室ディベート連盟」理事などを務める。主な著書として，『教師教育』（編著，さくら社），『スペシャリスト直伝！ 学びのしかけで学力アップ！ 学習ゲームの極意』（明治図書），『ワークショップ型授業で国語が変わる 小学校／中学校』『ワークショップ型授業で社会科が変わる 小学校／中学校』（編著，図書文化社）ほか多数。

■ 執筆者一覧　（執筆順　所属は2016年9月現在）

上條　晴夫	編者	第1章 p.6-19，第2章 p.22-41
平山　雅一	岩見沢市立緑中学校	第3章「国語」p.44-47
渡邉　光輝	お茶の水女子大学附属中学校	第3章「国語」p.48-53
関東　朋之	山形大学附属中学校	第3章「社会」p.54-57
松島　久美	天童市立第一中学校	第3章「社会」p.58-65
井上　創	千葉市立打瀬中学校	第3章「理科」p.66-77
中山　由美	お茶の水女子大学附属中学校	第3章「音楽」p.78-82
塚田　直樹	太田市立九合小学校	第3章「保健体育」p.83-87
小泉　薫	お茶の水女子大学附属中学校	第3章「美術」p.88-93
栗原恵美子	お茶の水女子大学附属中学校	第3章「技術・家庭」p.94-99
柴崎　明	神奈川県私立中高一貫校	第3章「英語」p.100-101

教科横断的な資質・能力を育てる
アクティブ・ラーニング 中学校
主体的・協働的に学ぶ授業プラン

2016年12月1日　初版第1刷発行　［検印省略］

編 著 者	上條晴夫Ⓒ
発 行 人	福富　泉
発 行 所	株式会社 図書文化社
	〒112-0012　東京都文京区大塚1-4-15
	Tel. 03-3943-2511　Fax. 03-3943-2519
	http://www.toshobunka.co.jp/
	振替　00160-7-67697
装丁・組版デザイン	中濱健治
Ｄ Ｔ Ｐ	株式会社 Sun Fuerza
印　　刷	株式会社 加藤文明社
製　　本	株式会社 村上製本所

JCOPY 〈(社)出版者著作権管理機構 委託出版物〉
本書の無断複写は著作権法上での例外を除き禁じられています。複写される場合は，そのつど事前に，(社)出版者著作権管理機構（電話 03-3513-6969，FAX 03-3513-6979, e-mail: info@jcopy.or.jp）の許諾を得てください。

ISBN 978-4-8100-5667-9　C3337
乱丁，落丁本はお取替えいたします。
定価はカバーに表示してあります。